A dor psíquica

Isabel Fortes

A dor psíquica

cia. de Freud

Dor Psíquica

Revisão
Sandra Regina Felgueiras
Leandro Salgueirinho

Editor Responsável
José Nazar

Editoração Eletrônica
Abreu's System

Rio de Janeiro, 2012

CIP-BRASIL. CATALOGAÇÃO-NA-FONTE
SINDICATO NACIONAL DOS EDITORES DE LIVROS, RJ

S119
Dor psíquica / autora Isabel Fortes. Editor José Nazar. – Rio de Janeiro: Companhia de Freud, 2012

ISBN 978-85-7724-105-7

1. Dor. 2. Psíquico. 3. Psicanálise. I Fortes, Isabel

10-0307 CDD: 150.195
CDU: 159.964.2

cia. de Freud

Endereço para Correspondência
Rua Barão de Sertório, 48 - casa
Tel.: (21) 2273-9357 • (21) 2293-5863
Rio Comprido - Rio de Janeiro
E-mail: ciadefreud@gmail.com

Para Roberto, Clara e Catarina, amores que dão força à minha vida.

Agradecimentos

Esse livro é uma versão retrabalhada da minha tese de doutorado defendida no Programa de Pós-Graduação em Teoria Psicanalítica da UFRJ (2000). Gostaria de agradecer a algumas pessoas cuja intervenção foi fundamental para a confecção deste trabalho:

A Joel Birman, por todas as transmutações, toda a minha gratidão.

A Anna Carolina Lo Bianco, presença orientadora em tempos tão diversos desse longo caminho.

A Roberto Brandão, pela vida intensa que construímos juntos.

Aos meus pais Maria Augusta e João, *in memoriam*, pelo chão afetivo sólido com o qual sempre pude contar.

A Regina Herzog, Paulo Vaz e Regina Neri, interlocuções preciosas e fundamentais.

A Cristina Terra, Helena Varvaki e Monica Soffiatti, pela intimidade que se transforma e não se esgota.

As minhas irmãs Beatriz, Cristina e Vitória, pelo compartilhar alegre do nosso cotidiano.

A noite é também um sol.

Nietzsche, Assim falou Zaratustra

Sumário

Apresentação 13

A dor na constituição do discurso freudiano 13

Introdução 25

Capítulo I: Hedonismo *versus* Erotismo 35

O Hedonismo 35

O utilitarismo: fugir da dor 36

O hedonismo exclui a dor 39

A reviravolta dos ideais na cultura atual 41

Onde há eu e não há outro 43

A dor excluída é também fonte de dor 48

O Erotismo 51

O princípio da perda 54

O erotismo como uma experiência do desamparo 58

Capítulo II: Positividade da pulsão de morte 65

A dor e o prazer 65

A dor entre o princípio e a intensidade 67

A dor como uma experiência da intensidade 74

A dor fora do princípio do prazer 87

A vivência da dor 92

A dor psíquica como uma vivência traumática 94

A angústia e o horror 98

A angústia e o desamparo em Freud 100

A positividade da pulsão de morte 104

A pulsão como força e trabalho 113

Capítulo III: O Masoquismo 119

O masoquismo como proteção contra o desamparo 119

O masoquismo como servidão 122

A parábola hegeliana do senhor e do servo 126

A culpabilidade em Freud 129

O masoquismo moral 133

O masoquismo feminino 138

O masoquismo erógeno: o elo entre Eros e a pulsão de morte 158

Ser digno da própria dor 163

O entrelaçamento masoquismo, desamparo e angústia 166

Capítulo IV: O sofrimento como vitalidade ou mortificação 175

A transmutação da dor em alegria e a travessia na análise... 175

O medo do novo e a passagem do tempo 194

O ressentimento e a má-consciência 199

A faculdade de esquecer 205

Considerações finais 209

Bibliografia 215

APRESENTAÇÃO

A dor na constituição do discurso freudiano

Joel Birman*

I. Positivação da dor

Qual seria o lugar e a posição da *dor* no campo da experiência psíquica? Trata-se de algo a ser evitado decidida e ostensivamente pelo indivíduo, custe o que custar, em nome do primado absoluto conferido ao prazer? Ou, então, em contrapartida, trata-se de algo a ser rigorosamente valorizado pelo indivíduo, em decorrência da *potência* que se colocaria assim efetivamente em evidência para este, pela materialidade inerente a esta intensidade? Nesta dupla possibilidade de leitura, que seria entrea-

* Psicanalista, Professor Titular do Instituto de Psicologia da UFRJ, Professor Adjunto do Instituto de Medicina Social da UERJ, Diretor de Estudos em Letras e Ciências Humanas, Universidade Paris VII, Pesquisador do CNPq, Pesquisador associado do Laboratório de Psicanálise, Medicina e Sociedade, da Universidade Paris VII.

berta para a experiência da dor, a condição de *paradoxo* estaria delineada para o indivíduo, de maneira incontornável. Pode-se afirmar, além disso, que duas modalidades opostas de *subjetivação* estariam inequivocamente em pauta, não existindo então qualquer possibilidade de uma solução de compromisso entre tais formas de subjetivação.

A psicanálise se constituiu historicamente, como saber e como clínica, no final do século XIX, na medida em que Freud se confrontou decisivamente com a questão colocada pela dor, transformando-a numa *problemática*, de maneira original. Estaria delineada assim a condição concreta de possibilidade daquela, configurando o seu objeto teórico e o seu campo de práticas clínicas. Isso porque o que conduzia então os indivíduos a demandarem alguma modalidade de cuidado, para os neurologistas e os psiquiatras, era a experiência de uma dor lancinante que perturbava a existência daqueles, lançando-as nas bordas do impossível. Com efeito, mortificados que eram pela dor insistente, que lhes retirava o sabor de desfrutar a vida com pujança, as individualidades eram lançadas cruelmente no limbo e numa espécie de *no man's land*, que as paralisava literalmente.

Porém, se os discursos da neurologia e da psiquiatria de então encaravam a dor como signo ostensivo de lesões e de disfunções do sistema nervoso, procurando eliminá-la ou pelo menos suavizá-la,a perspectiva teórica entreaberta por Freud inscreveu-a num outro registro de leitura. Em decorrência disso, este transformou a dor numa indagação e numa interpelação permanentes, que foram constitutivas da psicanálise. Vale dizer, o discurso freudiano problematizou a questão da dor, empreendendo a desconstrução do campo onde se inscrevia e formulando as novas coordenadas pelas quais aquela poderia ser concebida com outros pressupostos. Contudo, esta reviravolta teórica implicou indubitavelmente numa outra *ética* para a psicanálise, que a diferenciava efetivamente dos discursos psiquiátrico e neurológico.

Assim, para empreender a dita problematização o discurso freudiano teve que atribuir *positividade* para a experiência da dor, de maneira a se contrapor à *negatividade* que a caracterizava nos discursos psiquiátrico e neurológico. Para isso, teve que retirá-la decididamente do registro *nervoso* onde estava inserida, deslocando-a para o registro *psíquico* no qual foi alocada. Além disso, o discurso freudiano realizou um outro passo teórico fundamental, qual seja, passou a considerar que a dor seria a condição de possibilidade para a constituição efetiva do aparelho psíquico, de forma que forjar *destinos* para a dor se transformou na razão do ser do dito aparelho. Portanto, se a dor seria uma experiência incontornável e imponderável para o sujeito, necessário seria delinear destinos para esta no campo psíquico, que fossem compatíveis com a existência.

Vale dizer, sem a presença incômoda e cruciante da dor o organismo poderia ser concebido como uma máquina regulável e sem qualquer ruído, regulada que seria pela *homeostasia*, tal como foi delineado pela fisiologia de Claude Bernard[1]. Contudo, o organismo humano não seria homeostaticamente autorregulável, colocando assim em evidência a impossibilidade de conceber

[1] Canguilhem, G. (1943). *Le normal et le pathologique*. Paris, PUF, 1966.

o psiquismo pela leitura da teoria do reflexo[2,3], como se tentou fazer ao longo do século XIX. Enfim, seria necessário diferenciar radicalmente o registro psíquico do registro nervoso, que seriam regidos por lógicas diversas, e inscrevê-los em aparelhos diferentes, quais sejam, o aparelho psíquico e o aparelho nervoso.

Assim, desde o "Projeto de uma psicologia científica", em 1895, Freud já afirmava que a dor estaria presente no psiquismo pelo imperativo das *intensidades* e que estas não poderiam ser eliminadas pela via nervosa do reflexo[4]. Para se confrontar com esta impossibilidade, que seria de ordem psíquica e de ordem vital ao mesmo tempo, o aparelho psíquico teria que delinear destinos de satisfação, para as intensidades, pela regulação dessas pelo princípio do prazer[5]. Portanto, evitar o desprazer condensado na experiência da dor e promover o prazer seria o imperativo originário que regularia o aparelho psíquico na sua constituição, de maneira a inscrever as intensidades no campo da *experiência de satisfação*, pelo caminho da construção do *desejo*[6].

Nesta perspectiva, Freud não supunha mais, como fizera anteriormente no seu ensaio sobre as afasias, de 1891, que o aparelho psíquico pudesse ser concebido como apa-

---

2 Canguilhem, G. *La formation du concept de réflexe au XVII*ème-*XVIII*ème *siècles*. Paris, Vrin, 1977.
3 Gauchet, M. *L'inconscient cerebral*. Paris, Gallimard, 1992.
4 Freud, S. (1895). Esquisse d'une psychologie scientifique. In: *La naissance de la psychanalyse*. Paris, PUF, 1973.
5 Ibidem.
6 Ibidem.

relho de linguagem[7]. Isso porque, mesmo que fosse ordenado pela linguagem, o aparelho psíquico seria permeado pelas intensidades. Estas funcionariam como uma exigência de trabalho para o psiquismo, em decorrência da inserção deste no organismo, como enunciou Freud nos "Três ensaios sobre a teoria da sexualidade", em 1905[8]. Contudo, se as intensidades funcionam como uma exigência de trabalho sobre o psiquismo, isso se deve à condição fundamental de que aquelas se materializam como uma força constante[9]. Daí por que, nesta exigência de trabalho como força constante, as intensidades seriam a materialização da dor. Portanto, se as intensidades são incontornáveis, por serem insistentes e fontes da dor, necessário seria construir destinos para aquelas no registro da representação, como nos disse Freud em "As pulsões e seus destinos", em 1915[10].

Fica evidente assim o lugar e a posição estratégica conferidos à experiência da dor na constituição do aparelho psíquico e do sujeito, polarizada que aquela estaria entre o prazer e o desprazer, de maneira a modular o registro do desejo. Em decorrência disso, o discurso psicanalítico se configura como uma ética, que regularia então a sua finalidade terapêutica. A ética *da* e *na* psicanálise seria assim crucial, pois esta delineia os seus imperativos como desdobramento da articulação estabelecida entre os registros do desejo e da dor.

---

[7] Freud, S. (1891). *Contribution à la conception des aphasies*. Paris, PUF, 1989.

[8] Freud, S. (1905). *Trois essais sur la théorie de la sexualité*. Paris, Gallimard, 1962.

[9] Ibidem.

[10] Freud, S. (1915). Pulsions et destins des pulsions. In: *Métapsychologie*, Paris, Gallimard, 1968.

II. Sujeito, desamparo e tragicidade

Contudo, com a publicação do ensaio "Além do princípio do prazer"[11] em 1920, o discurso freudiano radicalizou mais ainda a relação constitutiva do sujeito com a experiência da dor. Isso porque, pela formulação da existência da pulsão de morte e da compulsão à repetição como o seu correlato, a regulação do aparelho psíquico pelo princípio do prazer não seria mais originária, mas secundária e derivada. Assim, o que seria agora originário seria o *além* do princípio do prazer e o princípio do nirvana, de forma que a instauração do princípio do prazer apenas se faria posteriormente no psiquismo[12]. No ensaio "O problema econômico do masoquismo", publicado em 1924, Freud realizou a autocrítica de seu pressuposto teórico anterior[13].

Nesta perspectiva, a experiência da dor passaria a ser regulada pela compulsão à repetição, que procuraria transformar o que existiria de traumático na *dor*. Assim, pela repetição da *diferença* a repetição do *mesmo* seria relançada numa outra dimensão, de forma que o *sujeito* seria caracterizado efetivamente pela marca da diferença, neste contexto teórico do discurso freudiano. Seria por conta disso que o discurso freudiano colaborou para a constituição da filosofia da diferença, articulando de

---

[11] Freud, S. (1920). Au-delà du principe du plaisir. In: Freud, S. *Essais de psychanalyse*. Paris: Payot, 1981.

[12] Freud, S. (1924). Le problème economique du masochisme. In: Freud, S. *Névrose, psychose et perversion*. Paris, PUF, 1973.

[13] Ibidem.

maneira rigorosa os registros da dor, da repetição e da diferença[14].

Porém o dito sujeito da diferença seria marcado pela dimensão do *trágico*, pois aquilo que o fundaria seria o *desamparo*. A dor promovida pelas intensidades delinearia o campo inaugural do sujeito pela marca inequívoca do desamparo. Assim, suportar o desamparo originário e forjar destinos para este, no aparelho psíquico, esboçariam a marca trágica como constitutiva do sujeito. Estes destinos do desamparo seriam configurados pela compulsão à repetição, na polarização estabelecida entre a repetição da diferença e a repetição do mesmo.

Foi ainda neste contexto teórico que o discurso freudiano retomou e criticou a sua leitura inicial sobre o *masoquismo*, conferindo agora ao masoquismo a condição de registro originário face ao *sadismo*[15], constituindo de forma fundamental o sujeito. Por conta disso, fez a oposição entre o masoquismo *erógeno* e os masoquismos *moral* e *feminino*, no contexto da qual no masoquismo erógeno o sujeito suportaria a experiência trágica do desamparo, enquanto que nos masoquismos feminino e moral o sujeito evitaria o dito desamparo e se submeteria ao outro pela *servidão*, para ser protegido do desamparo[16].

Portanto, na leitura proposta pelo discurso freudiano, principalmente no seu percurso teórico final, o que estava decididamente em pauta era uma leitura trágica do sujeito, pela positividade conferida ao masoquismo

---

14 Deleuze, G. *Difference et répétition*. Paris, PUF, 1968.

15 Freud, S. (1924). Le problème économique du masochisme. In: Freud, S. *Névrose, psychose et perversion*. Op. cit.

16 Ibidem.

erógeno em conjunção com o desamparo originário. Com isso, o sujeito, marcado pela diferença, não se submeteria à servidão do outro, como ocorreria nos masoquismos moral e feminino.

Porém é preciso evocar ainda que o estilo de pensamento presente no discurso freudiano, no que concerne a sua problematização da dor, se inscrevia numa genealogia filosófica, constituída no século XIX, que teve em Sade, Schopenhauer e Nietzsche as suas formulações teóricas cruciais. Em todos esses a leitura trágica do sujeito foi também colocada em evidência, de forma que foi nesta tradição teórica que se constituiu o discurso freudiano.

III. Desperdício, potência e erotismo

Foi rigorosamente neste campo teórico que o presente livro de Isabel Fortes se constituiu e se configurou efetivamente. Com efeito, reconhecendo a inserção do discurso freudiano no campo da genealogia da dor, na recente tradição filosófica, a leitura de Isabel Fortes destaca a importância crucial do conceito de *potência* na filosofia de Nietzsche para empreender uma interpretação da dor na inflexão da positividade, tal como fizera Freud posteriormente.

Assim, seria pela ênfase conferidas às categorias de potência e de *força*, na filosofia de Nietzsche, que uma ética dos homens fortes pôde ser destacada em oposição a uma moral de homens fracos. Se a primeira seria caracterizada pela *alegria*, a segunda seria marcada pelo *ressentimento*, que cadenciou a tradição do Cristianismo e que nos afastou da tradição heroica da Grécia pré-socrática. Portanto, pela mediação do cortante pensamento de Nietzsche, Isabel Fortes inscreveu o discurso freudiano no campo crítico da "Genealogia da moral"[17], lançando uma luminosidade eloquente para a leitura de Freud na contemporaneidade.

Nesta perspectiva, seria preciso sustentar que existiria efetivamente a marca da potência na experiência originária do desamparo, descrita por Freud no final do seu percurso teórico, de forma que o dito desamparo seria então positivado. Superando a oposição entre o *Bem* e o *Mal*, estabelecida pela moral do Cristianismo, existiria força e potência no desamparo, que se desdobrariam na afirmação eloquente do erotismo pelo sujeito.

Contudo, para realizar esta demonstração seria necessário empreender a crítica do *utilitarismo* e do *hedonismo* contemporâneos, pelos quais a dor seria negativizada como potência. Neste contexto, a moral do individualismo promoveria a busca gratuita do prazer pelo prazer, num projeto centrado no narcisismo e no qual a *felicidade* se condensaria num *cálculo* dos prazeres. Por esta via, no entanto, o erotismo como potência do sujeito seria neutralizado, pois a dimensão do desamparo como força já teria sido previamente descartada.

No campo desta leitura crítica do utilitarismo a filosofia de Bataille ganha corpo e relevo no corpo da escrita de Isabel Fortes. Isso porque, neste olhar crítico,

[17] Nietzsche, F. (1887). On the Genealogy of Morals. In: Kaufmann, W. *Basic Writings of Nietzsche*. New York, The Modern Library, 1969.

o *desperdício* como ética se oporia no sujeito à utilidade mercantil e ao consumo[18]. Seria então pelo viés da economia do desperdício que a acumulação dos prazeres seria criticada, em nome do imperativo da afirmação da vida, pela potência erótica do desamparo.

No que concerne a isso, a autora colocou o devido destaque teórico ao conceito freudiano de *eu-real originário*, formulado por Freud em "As pulsões e seus destinos"[19], para colocar em evidência um registro não-especular do eu que fosse então assim independente da tutela do princípio do prazer. Com efeito, seria pela mediação deste registro psíquico que a pulsão de morte e as intensidades seriam positivadas, assim como a dor e o desamparo originário do sujeito. Em decorrência disso, o masoquismo erógeno poderia ser erigido à condição de forma originária de subjetivação, em oposição rigorosa aos masoquismos feminino e moral, que marcariam a servidão do sujeito face ao outro.

Tudo isso converge para o estabelecimento de uma ética trágica para a psicanálise, pela qual a dor, como matéria-prima para a constituição do sujeito, seria decisivamente positivada e não descartada, como ocorre na contemporaneidade com os discursos teóricos das *neurociências*, do *cognitivismo* e do *comportamentalismo*. Estes novos *paradigmas* epistemológicos do campo psi, na atualidade, são os herdeiros legítimos dos discursos da psiquiatria e da neurologia do século XIX, aos quais Freud

---

18 Bataille, G. *O erotismo*. Lisboa, Moraes Editores, 1980; Bataille, G. *Teoria da religião*. São Paulo, Ática, 1993.

19 Freud, S. (1915). Pulsions et destins des pulsions. In: Freud, S. *Métapsychologie*. Op. cit.

teve que se contrapor para afirmar a positividade da dor para o sujeito. Por isso mesmo, retomando os fundamentos teóricos do discurso freudiano, a autora propõe a existência de uma *clínica com sujeito*, que é a categoria que se elimina decididamente com os novos paradigmas teóricos da contemporaneidade.

Porém, além de sua demonstração teórica rigorosa, a obra realizada por Isabel Fortes é caracterizada por uma rara beleza, que se revela nos interstícios de sua escrita. Assim, numa escrita concisa e lapidar, a precisão retórica do texto em questão se torna eloquente pelo descarte que realiza de qualquer barroquismo e verbalismo exagerado. É a elegância formal o que se coloca no primeiro plano desta escrita magnífica, na qual a economia de palavras fora-do-lugar coloca em destaque a pujança da inteligência teórica que conduz a autora na sua demonstração de uma ética trágica para a psicanálise.

Introdução

"A dor é uma das coisas mais importantes da minha vida". Esta frase de Marguerite Duras não me saiu da lembrança desde que a li. Tempos depois, ao ler o romance *Paula*, da escritora chilena Isabel Allende (1996), perguntava-me como ela teria conseguido escrever um livro tão belo sobre a morte de sua filha. A intensidade do acontecimento levou-a a escrever com igual intensidade. Talvez escrever sobre a dor tenha sido a forma que ela encontrou para exorcizar o horror que viveu.

Como psicanalista, a questão da dor me comove. Escutar a dor do outro, encontrando nela aquilo que mortifica um sujeito, mas também podendo ver na dor a sua beleza, é para mim um enorme desafio e um grande privilégio. Como é possível encontrar a saída para o sofrimento? Por que algumas pessoas ficam aderidas a ele, sem conseguir encontrar jamais uma certa alegria no viver? Por que outras pessoas escondem a sua dor com unhas e dentes, não se permitindo exteriozá-la? E por que outras ainda conseguem, sem negar ou intensificar a dor, fazer dela um simples afeto entre outros, tornando--a potência de vida?

O desejo de pesquisar o sofrimento conduziu-me a circunscrever dois modos principais de lidar com a dor. Meu objetivo neste livro é apresentar uma positividade do sofrimento. Se a experiência da dor pode ter como destino a paralisia e a mortificação, há um destino possível para a dor que conduz à vitalidade. Assim, pretendo apresentar modos distintos de um sujeito atravessar a experiência da dor, a partir da premissa de que o sofrimento é uma intensidade e, como tal, pode-se querer evitá-lo ou acolhê-lo.

Primeiramente, busco apresentar o paradigma da dor na teoria freudiana, alinhavando-o a partir da noção do excesso de estímulos, sendo este último a designação freudiana da intensidade. A dor, em Freud, é o aumento de estimulação no aparelho psíquico, quando as barreiras protetoras não mais dão conta de impedir a entrada de grandes quantidades de excitação. Embora a questão da força e da intensidade apareça nos *Artigos sobre Metapsicologia*, e em especial no texto "Os instintos e suas vicissitudes" de 1915, quando a força da pulsão ganha autonomia perante os representantes pulsionais, a questão do excesso já estava presente na obra freudiana desde o "Projeto para uma psicologia científica", de 1895.

Deste ponto de vista, apresento alguns conceitos que condensam as noções de intensidade e de força, valorizando o registro econômico da metapsicologia. É desta última perspectiva que trabalho as seguintes figuras teóricas: o eu-real originário, indicativo de uma subjetivação independente da tutela do princípio do prazer; a angústia-sinal, como uma possível ligação fora da ordem da representação, conduzindo a pensar em um trabalho psíquico que não seja um trabalho de simbolização; o masoquismo erógeno, representando um elo entre *Eros* e pulsão de morte, indicando um destino pulsional da ordem da intensidade, em um mais além do princípio do prazer. Esses três conceitos apontam – será meu esforço demonstrá-lo – para um paradigma do excesso (e, portanto, da dor) na teoria freudiana.

Para circunscrever o tema, coloco em pauta a divisão freudiana dos eixos do princípio do prazer e do além do princípio do prazer. Enquanto o primeiro funciona a partir de um evitamento da dor, o segundo consente com a sua presença. E eis que a dor se faz a própria abertura ao prazer e ao erotismo. Nesse sentido, analiso a dimensão positiva da pulsão de morte, cuja força de ruptura provoca a quebra das ordens estabelecidas e contribui para renová-las. A positividade da pulsão de morte manifesta-se através do aspecto da força pulsional, abrindo o caminho para a chegada do novo.

É, pois, sob a ótica da segunda teoria pulsional que proponho analisar, na pulsão, a sua dimensão de força, apresentada por Freud desde 1915, em "Os instintos e suas vicissitudes", como uma exigência de trabalho. A força é excesso pulsional que faz pressão e obriga o psiquismo a trabalhar.

Por outro lado, apresento também algumas ideias de Nietzsche acerca do sofrimento. Nietzsche foi o primeiro autor a trazer para a filosofia a questão do valor: desconstruindo as noções metafísicas de Bem e Mal, trabalhou entretanto com a ideia de bom e ruim. O que importa, na filosofia nietzscheana, não é uma ideia que transcende a realidade; o importante é a força, pois tudo, no fundo, diz respeito a uma relação de forças. Assim, uma coisa é boa quando sua força aumenta a potência de agir e é ruim quando diminui esta potência. Essa compreensão norteia a argumentação central da tese, pois, na medida em que indico um modo bom e um ruim de lidar com a dor, pretendo deixar claro que não se trata aqui de noções transcendentes de Bem e Mal, mas de pensar naquilo que pode ser visto, em termos de maior ou menor potência, como gerando vitalidade ou produzindo mortificação.

Com Nietzsche, temos a oportunidade de empreender uma discussão acerca do sentido do sofrimento. No sentido negativo, o sofrimento é ressentimento e má-consciência, sendo estes representados pelo sofrimento cristão da culpabilidade; no sentido positivo, é travessia da alegria. Essa última aponta para a dimensão trágica da existência, afirmando o sofrimento como parte integrante da vida.

Tendo apresentado as linhas gerais que norteiam este livro, vejamos agora as questões mais relevantes que são desenvolvidas nos capítulos que se seguem.

No primeiro capítulo, faço uma apreciação geral da relação que o sujeito da atualidade mantém com a dor. Caracterizo a subjetividade contemporânea por meio da figura do hedonismo, doutrina que define o prazer como o bem soberano do homem, visando à abolição do sofrimento. A felicidade tornou-se a referência maior da sociedade de consumo, a partir de uma equivalência que se estabelece entre possuir os objetos e ter felicidade.

Regido pelo princípio da utilidade, o hedonista busca acumular prazeres tal qual um acumulador de riquezas, sendo suas ações determinadas pela usura e pela depredação do outro. A marca do sujeito hedonista é a intensificação do gozo individual, não havendo nessa circunscrição da subjetividade qualquer espaço para a alteridade. Se o mal-estar, na visão freudiana, conforme explicitado em "Mal-estar na civilização" (1930), devia-se à renúncia ao gozo exigida pelo projeto de edificação da civilização, o mal-estar de hoje indica justamente o inverso: provém de um imperativo de gozo que conduz à exacerbação do individualismo e à exaltação do narcisismo do eu. O gozo individual tornou-se o maior dos predicados da atualidade, ao passo que o sofrimento é visto como uma coisa ruim, algo a ser eliminado ou, pelo menos, mantido à distância. No entanto, o projeto hedonista expressa a falácia com a qual se depara o sujeito de hoje, uma vez que negar o sofrimento conduz a exacerbá-lo: a dor excluída é também fonte de dor.

Como contraposição ao hedonismo, proponho a dimensão do erotismo. A presença da dor é intrínseca a este último. Se o hedonista caracteriza-se pelo acúmulo de prazeres, no erotismo há um movimento de perda a partir do qual entra em operação um processo de dilapidação. Como mostra Bataille (1980), a lógica da perda retira do sujeito a forma objetificada que ele assume dentro do registro do consumo, do trabalho e da duração, estando, portanto, em oposição ao princípio da utilidade. O ato erótico implica a quebra das fronteiras entre sujeito e objeto, inscrevendo-se em uma dimensão de tempo que é a da transitoriedade. A presença insofismável da morte no erotismo revela o caráter ilusório da duração, e a tentativa de fixar o sujeito nesta dimensão de tempo empobrece a vida. Só a impossibilidade da duração nos liberta, retirando o sujeito da ordem do útil para inseri-lo na dimensão do excesso.

No segundo capítulo, sugiro pensar a positividade da dor sob vários aspectos. Em Freud, não é possível pesquisar a dor sem articulá-la com o prazer, pois este último circunscreve-se a um princípio que busca o prazer através da diminuição da dor. Desse modo, à economia do prazer proponho, como correlata, uma economia da dor. O mecanismo do princípio do prazer busca a produção do prazer a partir da diminuição do desprazer, ocorrendo aí, portanto, um evitamento da dor. No além do princípio do prazer, a dor pode inserir-se de maneira concomitante ao prazer, isto é, este último pode ser experienciado junto a um aumento da quantidade de excitação. Dessa forma, pode-se entrever no texto freudiano um prazer inserido em um princípio regulador, existindo, por outro lado, um prazer como uma experiência que se abre para a intensidade. As duas formas do prazer conduzem a sentidos distintos para a dor.

No além do princípio do prazer, a satisfação não provém do evitamento do desprazer, mas aponta para uma intensidade que pode ser tanto prazerosa quanto desprazerosa. A dimensão da força pulsional ocupa um lugar central no além do princípio do prazer e tem como contraponto, na subjetividade, o registro do eu-real originário, enunciado pela primeira vez em "Os instintos e suas vicissitudes" (1915), sendo esta modalidade do eu o processo subjetivo correspondente à dimensão quantitativa da pulsão, ou seja, o afeto.

Sob esta mesma ótica, analiso a teoria da angústia em Freud, apresentando a angústia dos sonhos traumáticos como uma forma de ligação que se encontra fora da tutela do princípio do prazer. A positividade da pulsão de morte aparece neste contexto teórico, mostrando-se como um excesso que pode se constituir como motor vital e abertura para o novo.

No terceiro capítulo, abordo a problemática do masoquismo. Meu esforço é apresentar diferentes níveis desta experiência, acentuando, no masoquismo, mais a posição de servidão do masoquista frente ao outro do que o prazer no sofrimento. O sujeito coloca-se em uma posição de servidão perante um outro como um meio de evitar a angústia do desamparo.

Birman (1999) propõe repensar o sentido dos masoquismos erógeno, feminino e moral, apresentados por Freud em 1924 no texto "Problema econômico do masoquismo". Enquanto os masoquismos feminino e moral são regidos pelo registro do falicismo, sendo essas duas modalidades de masoquismo uma forma de proteção contra o desamparo, o masoquismo erógeno se inscreveria no psiquismo em um nível estrutural bem distinto dos outros dois. Assim, se nos masoquismos feminino e moral o sujeito tenta escapar da angústia através do mecanismo da servidão, no erógeno ele se confronta com a angústia, ocorrendo aí, portanto, uma experiência da intensidade. Valorizo, dessa maneira, a figura do masoquismo erógeno como uma forma positiva de se relacionar com a dor.

Busco, nesse sentido, distinguir as fronteiras entre os três modos de masoquismo propostos por Freud. O masoquismo feminino parece estar mais próximo da perversão, enquanto o masoquismo moral está mais presente nas neuroses, sobretudo nas neuroses obsessivas e na melancolia. Ao mesmo tempo que indico como estes dois modos de masoquismo circunscrevem-se ao registro do falicismo, sendo ambos uma resultante da busca de proteção contra o desamparo, enfatizo também as diferenças entre eles. No masoquismo feminino, faz-se necessária a presença do parceiro sexual. Nessa modalidade da experiência masoquista, coloca-se em evidência uma maquinaria do gozo, ou seja, toda uma instrumentalidade fetichista usada com a finalidade de colocar em ato a fantasia masoquista. Já no masoquismo moral, a relação ao outro não aparece de maneira tão evidente, ocorrendo em contextos relacionados a poderes mais impessoais. Por isso, Freud associa as chamadas compulsões de destino ao masoquismo moral, no qual o sujeito sofre repetidos infortúnios, como se estes ocorressem por obra do acaso ou do destino, quando, na verdade, são determinados pela posição de gozo à qual o sujeito está submetido. Uma perspectiva bem diferente dessas duas traz à luz a figura do masoquismo erógeno, pelo qual o sujeito se permite ser atravessado pela experiência da dor.

No quarto capítulo, exponho a noção de sofrimento em Nietzsche, fazendo um paralelo entre as elaborações teóricas deste autor e a travessia da dor em um processo de análise.

Nietzsche formula dois modos do sofrer. Em *Genealogia da moral* (1887), sinaliza a diferença entre os que sofrem de um empobrecimento da vida, usando a dor como um meio para acusá-la e justificá-la, e os que padecem de uma superabundância da vida, fazendo do sofrimento uma afirmação. Desse modo, sofre-se pela pobreza dos circuitos pulsionais desvitalizados ou pela grandeza do excesso. No contexto do primeiro circuito, o sentido da dor é o do ressentimento ou da má-consciência; no do segundo, surge o sentido trágico. Do ponto de vista deste último, olhar o sofrimento como uma força, e não como um mal, requer uma revaloração dos valores dados, uma reversão das perspectivas.

A transvaloração da dor tem como pressuposto toda a elaboração nietzscheana da noção de força. A força ativa afirma a sua diferença; a força reativa nega as outras forças; sua vontade para afirmar é débil, só podendo existir na tentativa de diminuir a força alheia, de separar a força ativa de sua potência. A força é definida por "aquilo que pode". Seu querer é afirmar sua diferença e, ao mesmo tempo, ir ao máximo da extensão da sua potência.

É sob a ótica nietzscheana que descrevo a relação primitiva com a crueldade, na qual a dor era inscrita como meio de troca. Contrapondo-se ao sofrimento cristão, que interioriza a dor, intensificando a culpabilidade, a dor primitiva existia no ato mesmo da sua exterioridade. Tratava-se de uma resolução exterior e imediata do sofrimento a partir de uma equivalência entre o castigo e o dano causado. Longe de ter como efeito a negação do outro, a dor como meio de troca é parte integrante de um ritual de festa, é uma forma de fortalecimento do laço social.

Desse modo, arrisco aqui aproximar a travessia da análise ao movimento do trágico. Podemos conceber o viés trágico do processo psicanalítico ao compreendê-lo como uma clínica do desamparo, na qual a experiência da perda é a via por excelência do tratamento. Trata-se da perda dos ideais narcísicos que subjugam o sujeito, perda de uma demanda de ser feliz imposta pela ideologia alienante. Essa proposição não se associa, de forma alguma, a uma apologia da infelicidade ou da tristeza. Pelo contrário, a travessia da dor que se realiza em uma análise abre a possibilidade do desprendimento das formas alienantes do sujeito, permitindo a entrada do horror, com tudo o que ele pode conter de sublime.

Capítulo I

Hedonismo *versus* Erotismo

O Hedonismo

Falar do sofrimento hoje é tocar em uma questão crucial, tendo em vista que o sujeito contemporâneo *nega* o sofrimento. O que caracteriza o homem na atualidade é o hedonismo, o imperativo de se obter prazer e evitar o sofrimento.

Trata-se de um imperativo de gozo, ao qual se associa o dever de ser feliz. Aquele que não consegue ser feliz e revela a sua tristeza é visto como uma pessoa fraca e merecedora de culpa. Esta imagem expandiu-se de tal forma que agora "toda tristeza é vergonhosa, injustificada, e daqui por diante patológica" (Silvestre, 1999, p. 115).

O sofrimento, nesta perspectiva, é visto como uma coisa necessariamente ruim, algo de que manter distância. Assim, se no século XIX o *spleen*, um certo ar de exasperação e melancolia, teve, particularmente entre os poetas, o seu apelo, hoje o atrativo é a felicidade permanentemente estampada no rosto. O sujeito que sofre sente-se "por baixo", fracassado, já que o sofrimento não se encontra incluído no universo dos signos de *status* que circunscrevem o mundo atual.

Um livro na prateleira de um supermercado chama-me a atenção: *O sucesso é ser feliz*. A felicidade é agora símbolo de sucesso. Sofrer não é *in*, não se inclui nos ditames daquilo que é considerado signo evidente de êxito social. A mídia reifica, a todo momento, este "dever de ser feliz"; sua mensagem permanente é a de que aquilo que consumimos através dos objetos – ou seja, aquilo que adquirimos nos supermercados – é a própria felicidade.

O utilitarismo: fugir da dor

O hedonismo, doutrina que define o prazer como o bem soberano do homem, ficou conhecido, no século IV, como uma reflexão ligada à escola cirenaica. Contudo, foi a escola de Epicuro que sistematizou o princípio do hedonismo, fazendo do prazer a finalidade da vida e afirmando o seu perfeito acordo com as prescrições da natureza.

O hedonismo da atualidade é herdeiro do utilitarismo, teoria econômica que marcou o pensamento do século XIX. O pensamento utilitarista tinha como perspectiva criar condições econômicas que propiciassem a máxima felicidade para todos. O termo "utilidade" refere-se à propriedade de proporcionar prazer, bem ou felicidade, e por isso afirmamos que o princípio utilitarista se apoiava em um pressuposto hedonista. Sua meta maior era abolir o sofrimento e construir uma moral e uma legislação que oferecessem aos sujeitos sociais o máximo de prazer.

Tentaremos retraçar, em linhas gerais, as principais ideias de Jeremy Bentham (1748-1832), um dos principais difusores do princípio utilitarista. O termo utilidade designa a propriedade do objeto de "produzir ou proporcionar benefício, vantagem, prazer, bem ou felicidade (tudo isto, no caso presente, se reduz à mesma coisa), ou (o que novamente equivale à mesma coisa) a impedir que aconteça o dano, a dor, ou a infelicidade para a parte cujo interesse está em pauta" (Bentham, 1789, p. 4). Deste modo, uma determinada ação está de acordo com o princípio da utilidade quando é maior nela a tendência a aumentar a felicidade do que a tendência a diminuí-la. A finalidade da ação política, social e moral é a maior felicidade possível para o maior número de pessoas; o critério da utilidade é o que avalia o valor moral das ações. O útil é o bem maior; é aquilo que consegue afastar o sofrimento e produzir a felicidade. Deste modo, a dor e o prazer regem as ações e as leis, constituindo o próprio critério para se avaliar o certo e o errado. É com esta ideia que inicia o seu livro *Uma introdução aos princípios da moral e da legislação* (1789):

> A natureza colocou o gênero humano sob o domínio de dois senhores soberanos: a dor e o prazer. Somente a eles compete apontar o que devemos fazer, bem como determinar o que na realidade faremos. Ao trono destes dois senhores está vinculada, por uma parte, a norma que distingue o que é certo do que é errado, e, por outra, a cadeia das causas e dos efeitos (Bentham, 1789, p. 3).

O objetivo de construir a felicidade faz com que a dor e o prazer sejam o fundamento da utilidade: "O princípio da utilidade reconhece esta sujeição (à dor e ao prazer) e a coloca como fundamento desse sistema, cujo objetivo consiste em construir o edifício da felicidade através da razão e da lei" (Bentham, 1789, p. 3).

Assim, Bentham convoca todos os homens a serem felizes. Elabora de maneira meticulosa a proposta utilitarista e mostra como ela deve ser colocada em operação pelas ações humanas a partir de um método de mensuração da quantidade de prazer e de dor. Estes últimos são os instrumentos com os quais o legislador deve trabalhar, já que "propiciar prazeres e evitar dores constituem os objetivos que o legislador tem em vista" (Bentham,1789, p. 16).

Bentham pensava o utilitarismo como uma ciência tão exata quanto a matemática e por isso mesmo o princípio tornou-se um dos pilares do positivismo do século XIX. Por atender de forma congruente tanto à utilidade da vida privada quanto à utilidade da vida pública, tal fórmula influenciou, de maneira significativa, o liberalismo moderno, assim como as doutrinas que se associavam à nascente ciência econômica.

O pensamento utilitarista foi de tal forma pregnante que não somente influenciou a ciência econômica da época, mas também as condutas morais dos cidadãos. Um dos seus alvos foi a ordem jurídica, já que Bentham pretendia que o princípio de utilidade tanto incidisse sobre os campos político e econômico como oferecesse soluções para o campo da jurisprudência. É de sua autoria, por exemplo, a invenção do aparelho *Panóptico*, apontado por Foucault, em *Vigiar e punir* (1984), como a figura arquitetural do conjunto de técnicas e instituições que compuseram os mecanismos de poder da sociedade disciplinar que marcou o século XIX.

O hedonismo exclui a dor

A noção de utilidade impregnou-se de tal forma na nossa cultura que justamente por isso podemos denominá-la uma cultura hedonista. Vivemos numa sociedade em que tudo se transforma em *gadget*, em que os objetos estão sendo sempre incorporados vorazmente pelos sujeitos. Assim, a consumição dos objetos na nossa sociedade traduz-se por aquilo que Baudrillard mostrou como a acumulação permanente de signos de felicidade. Os objetos são impressos por um signo que se traduz por uma equivalência entre possuir os objetos e obter felicidade. O consumo rege a vida atual, definida pela multiplicação e pela descartabilidade permanentes dos objetos.

Este é o retrato da cultura da atualidade: a felicidade tornou-se a referência maior da sociedade de consumo, a qual se baseia na crença não só de que o consumo traz felicidade, mas de que existe, nas ações humanas, uma propensão natural para a felicidade. A referência à felicidade está associada a uma ideologia igualitária do bem-estar. Ocorreu, assim, com o advento das sociedades democráticas, uma valorização do bem-estar, promovendo-se uma aproximação entre este e a proposta de igualdade.

Deste ponto de vista, as revoluções burguesas que pregaram a igualdade transformaram-se em uma verdadeira "revolução do bem-estar" (Baudrillard, 1981b), à medida que esse estado de ânimo passou a ser uma marca possível de mensuração da felicidade. A democracia burguesa passou a mascarar as desigualdades sociais ao colocar os objetos de bem-estar como sendo acessíveis a todos. Nesta perspectiva, todos os homens eram vistos como iguais diante do valor de uso dos objetos, apesar de serem totalmente desiguais em relação ao valor de troca. Ou seja, como não se conseguiu efetivar a proposta democrática da igualdade, transferiu-se esta para a igualdade diante de objetos. Daí se pode verificar por que a felicidade encarna o mito da igualdade na cultura moderna, o qual pode ser resumido pela seguinte lógica: se todos são iguais, todos têm direito a ser felizes.

Assim, a felicidade na sociedade de consumo se traduz através dos objetos de bem-estar, os quais possibilitam que tal estado de espírito seja exteriorizado dentro de um ideal igualitário comparativo e competitivo:

> A felicidade como fruição total e interior, felicidade independente de signos que poderiam manifestá-la aos olhos dos outros e de nós mesmos, sem necessidade de provas, encontra-se desde já excluída do ideal de consumo, em que a felicidade surge primeiramente como exigência de igualdade e deve, em função de tal demanda, significar-se sempre a propósito de critérios visíveis (Baudrillard, 1981b, p. 51).

Portanto, diante da insatisfação, o consumo apresenta-se como uma forma de atenuar a infelicidade. A propaganda não se restringe mais a vender os objetos, pois precisa propor o consumo como um estilo de vida regido pela máxima hedonista de obtenção do prazer.

A reviravolta dos ideais na cultura atual

A intensificação do ideário do consumo acompanha o contexto atual de perda de ideais.

Com o enfraquecimento do iluminismo, que tinha os seus alicerces na razão e na ciência, vivemos o declínio da razão universal e a decorrente perda da crença em um progresso da humanidade, ou seja, em uma proposta evolutiva que supõe no ser humano um impulso para tornar-se um ser mais evoluído e aperfeiçoado. Ora, hoje não há mais como se conceber uma razão que se queira universal e tampouco a ciência é vista ainda como aquela que salvará a humanidade.

A perda dos ideais faz entrar em cena a figura do *desamparo*. A queda dos alicerces que sustentavam a razão universal faz entrar em declínio os valores da sociedade tradicional, levando a uma ausência da figura do pai na cultura (Birman, 1999). O que, por sua vez, conduz ao sentimento de solidão e de carência de laços sociais. A descartabilidade dos objetos passa a se inscrever também no nível das relações, promovendo um quadro social de verdadeiro solipsismo do sujeito da atualidade. A solidão de que se trata aqui não é a solidão positiva daqueles que conseguiram se libertar das obrigações dos amores alienantes, mas uma solidão que lança o sujeito em um verdadeiro deserto afetivo. O grande problema desta configuração cultural não é tanto o do desamparo ou da fragilidade, já que estes elementos tocam o mais profundo da fragilidade estrutural de nossa própria existência. A questão é saber que destinos o sujeito consegue dar ao seu sentimento de desamparo, pois este pode tanto conduzi-lo às formas alienantes da subjetividade como também a uma liberdade de ser, à criação de um mundo singular.

Em *O mal-estar na pós-modernidade* (1998), Bauman traça um panorama das figuras que estariam em cena no jogo social da cultura contemporânea, apresentando elementos que evidenciariam o desamparo experimentado pelos sujeitos de nosso tempo. Vivemos em uma era de incertezas, na qual cada sujeito está à mercê de si mesmo, do seu próprio poder de sedução e de escolha. O enfraquecimento do Estado como figura que protege e vela pelos cidadãos acaba provocando um clima de insegurança. A desintegração do *Welfare State*, o Estado de Bem-estar social, faz, por exemplo, com que não se possa mais contar com os dispositivos da previdência. Se estes dispositivos eram antes considerados um direito dos cidadãos, passam agora a ser vistos como um ato de caridade, um instrumento que serve aos incapazes. Não existe mais seguro coletivo contra os riscos, pois a tarefa de lidar com os riscos coletivamente foi deslocada para o domínio do privado. Se cada indivíduo tem que, sozinho, lutar pela sua sobrevivência, se não há mais órgãos coletivos encarregados da ordem global da sociedade, a gerência da vida fica a cargo de cada um, a cargo da iniciativa individual. É como se o poder sobre a vida fosse única e exclusivamente da seara da decisão pessoal. A contrapartida deste processo é a culpabilização daqueles que não são bem-sucedidos na gerência da vida.

Outro lado da mesma moeda é a extinção da ideia de emprego vitalício, e por isso o desemprego se faz um fantasma sempre presente. Isto deixa pouco espaço para se planejar a vida em longo prazo, sendo o futuro um horizonte de incertezas. Basta ver que hoje praticamente não existe mais, no domínio de investimento de capital, a figura da poupança. Se antes os pequenos e grandes empresários acreditavam que o dinheiro devia ser poupado como uma garantia para si e para os seus herdeiros, agora quem tem pouco prefere o gasto imediato e quem tem muito investe no risco. Em tudo isso, a mensagem é a de que o que vale é o aqui e agora e que não se deve cogitar muito sobre o futuro. Observamos, assim, uma tendência global para uma radical liberdade de mercado, que, associada ao desmantelamento do Estado de bem-estar, gera uma constelação em que imperam a incerteza, o risco e a instabilidade. Temos à nossa volta um "admirável mundo novo da desregulamentação, da privatização, da escolha do consumidor – e da incriminação dos impossibilitados a escolher" (Bauman, 1998, p. 50).

A grande aflição do sujeito hoje é a falta de sentido para a vida, geradora do sentimento de vazio, ou de impossibilidade de construir projetos de futuro. E nós psicanalistas sabemos bem em que deserto se encontra um sujeito quando lhe é retirada a capacidade de sonhar!

Onde há eu e não há outro

O que está em questão nesta descartabilidade das relações característica do circuito do hedonismo é uma anulação da figura da alteridade. O outro, como *diferente* do eu, não existe – ele só existe se corresponde ao ideal hedonista do eu, ou seja, só existe para dar prazer ao sujeito.

O outro, deste modo, não se apresenta como sendo de fato um outro, existindo unicamente como uma extensão do eu. Neste contexto, os sujeitos não se relacionam mais com outros sujeitos e sim com objetos. O outro só serve, só é "útil", na medida em que é fonte de prazer para o eu. Afirma-se aqui o princípio capitalista segundo o qual os seres humanos podem ser reduzidos a meros objetos de troca. Isto conduz a um processo de anomia do outro, isto é, aqueles com quem uma pessoa se relaciona são como seres sem nome, sem os traços de personalidade que formariam o conjunto particular de uma pessoa. O outro não tem nome porque sua identidade não é relevante para o sujeito hedonista – seu papel é de mera função para o narcisismo do eu.

Desta forma, os laços sociais estão deixando de ser um refúgio contra as violências da vida; muito pelo contrário, tornam-se eles mesmos fonte do clima de guerra e competição que se instalou entre os homens. A ideia hobbesiana de que os homens conseguem represar o ódio contra o outro em prol da proteção oferecida pela vida em comum – franqueada pela figura do Leviatã -- deixa de valer quando o laço social encontra-se enfraquecido. Quando o relacionamento com o outro deixa de ser um refúgio, restam quase que unicamente o ódio e o desejo de eliminação do outro, o que é sintetizado na célebre frase "o homem é o lobo do homem".

Não há mais aqui o medo de ser eliminado pelo outro que, segundo Hobbes, é o que fazia os homens se aliarem e construírem uma civilização em comum. Para isso, delegavam o seu desejo de matar a um soberano, a um Leviatã, renunciando desta forma ao desejo de morte. A ideia da renúncia pulsional como base da construção da civilização é também a hipótese central do texto de Freud "Mal-estar na civilização" (1930). Por isso mesmo, Bauman propõe que a cultura da qual fala Freud neste texto não é uma cultura universal cujos ditames valeriam para qualquer época, pois que o mal-estar ao qual Freud alude é inerente à cultura da modernidade[1]. No contexto desta última, a edificação da cultura impõe "grandes sacrifícios", exigindo a renúncia das pulsões sexuais e das pulsões agressivas. A cultura, sob esta ótica, exige uma renúncia ao gozo e à liberdade individual em prol da constituição do grupo social, renúncia esta que é causadora de um mal-estar que inquieta de maneira constante o sujeito civilizado, obrigado a viver um conflito permanente entre o seu gozo individual e a ética que o constitui. A cultura da modernidade representa, desta maneira, uma espécie de formação de compromisso pela qual o sujeito abdica do gozo, mas tem em troca a segurança oferecida pela vida em comum: "O homem civilizado trocou uma parcela de suas possibilidades de felicidade por uma parcela de segurança" (Freud, 1930, p. 137).

---

1 A cultura da modernidade corresponde ao projeto civilizatório elaborado pelo Iluminismo. A derrocada dos valores modernos e o surgimento de novos valores caracterizam a pós-modernidade.

Contudo, se o homem freudiano renuncia ao gozo em troca da segurança, na pós-modernidade fica-se com o gozo e abre-se mão da segurança.

A atualidade não se caracteriza pela renúncia ao gozo; este tem agora o caminho livre para marcar a sua presença, sem amarras para prendê-lo. A liberdade individual reina soberana, estando em vigor o "demasiadamente humano reclamo de prazer, de sempre mais prazer e sempre mais aprazível prazer – um reclamo outrora desacreditado como base e condenado como autodestrutivo" (Bauman, 1998, p. 9). A liberdade individual, outrora um problema para os agentes da ordem civilizatória que visavam difundir todas as normas ditadas por uma razão universal, transformou-se no maior dos predicados da contemporaneidade.

No entanto, a presença da liberdade e do gozo não significou o fim do mal-estar. O mal-estar agora é outro, mas nem por isso menos aflitivo: "se obscuros e monótonos dias assombravam os que procuravam a segurança, noites insones são a desgraça dos livres. Em ambos os casos, a felicidade soçobra" (Bauman, 1998, p. 10).

"Cultura do narcisismo" é como Christopher Lasch (1991) denomina a cultura de hoje, na qual encontramos o individualismo exacerbado associado ao afrouxamento dos laços sociais. A cultura do narcisismo é também, neste sentido, uma cultura do ódio, na qual o sentimento de laço social encontra-se esgarçado. Lasch relaciona tal diagnóstico da contemporaneidade com certos traços do que a psicanálise conceituou como narcisismo, mostrando como o enorme medo do envelhecimento, a fascinação pela celebridade, o receio permanente da competição e a necessidade de ser reconhecido como um vencedor podem ser vistos como fenômenos que constituem a cultura do narcisismo.

Desta maneira, o sujeito contemporâneo caracteriza-se por uma intensa necessidade de satisfação oral, devoradora e imediatista, tendo como imagem do eu ideal um ser opulento, grandioso e poderoso. Seu tempo é sempre o agora, pois o tempo do gozo não tolera o adiamento da satisfação – comandativo, sua demanda lembra o título do disco do grupo de rock Titãs: *Tudo ao mesmo tempo agora* (1991). O estilo de vida do homem da atualidade insere-se na lógica do consumo, a partir da qual ele vê a si mesmo como um bem a ser consumido.

O sujeito da atualidade estaria marcado, sob esta perspectiva, muito mais pelo registro do gozo do que pelo registro do desejo e da lei. Žižek (1999) aponta para esta questão ao dizer que a submissão é o traço que marca o sujeito da cultura contemporânea. Na resenha "O superego pós-moderno", publicada pela *Folha de S. Paulo* em 23 de maio de 1999, o autor apresenta argumentos que fundamentam a tese de que o desamparo é inerente à "sociedade do risco", outro termo usado para caracterizar a cultura marcada pelo declínio dos alicerces simbólicos que regiam a sociedade patriarcal. A sociedade do risco não se molda pelos ditames da Natureza ou da Tradição; os indivíduos agora são supostamente livres, sendo os nossos impulsos vividos como uma problemática sujeita à nossa própria opção e escolha. Questões que antes já tinham uma regra estabelecida pelos códigos da cultura passam a ser sujeitas à nossa decisão pessoal.

Todavia, no lugar de abrir a nossa frente um paraíso de prazeres e delícias, a constelação contemporânea gerou novas culpas e novas prisões. Aparentando ser hedonista e permissiva, esta cultura é marcada por uma saturação de regras e regulamentos. Se, por um lado, parece haver mais liberdade nas relações entre os sujeitos, por outro, estas relações se ligam pelo que Žižek apontou como um "vínculo apaixonado", o qual apresenta uma forma extrema de submissão. Ao não fazer reverência a uma autoridade que inspire respeito e tenha uma ascendência que abra o caminho para uma transmissão dos códigos da cultura, o sujeito transforma o seu par na figura de um mestre, a quem se assujeita. Žižek alude aqui à figura do desamparo, a qual, como já descrito, pode promover nos sujeitos a entrega a uma posição masoquista.

Esse senhor totalitário, por seu turno, faz uma espécie de "jogo sujo". Longe de impor regras rígidas a serem seguidas, nos deixa livres para violar, explorar, matar, desde que obedeçamos às ordens do mestre. Esta obediência autoriza a transgressão das normas às quais estávamos subordinados. Agora se pode fazer tudo o que a sociedade tradicional não permitia. Todavia, este movimento de permissividade não para no "você pode", pois avança para um "você deve"; isto é, se você pode gozar, é obrigado a gozar. O prazer tornou-se um dever. A felicidade não é mais um direito ou uma possibilidade no horizonte da subjetividade: é uma obrigação.

A dor excluída é também fonte de dor

A grande cilada que se coloca para o sujeito, ante o imperativo do gozo, é que a tentativa de anular o sofrimento é causa de mais sofrimento. A pasteurização dos sujeitos provocada por esta obrigação de ser feliz é correlata ao sentimento de vazio e de falta de sentido para a vida.

A demanda voraz de satisfação tem como consequência, paradoxalmente, uma intensa insatisfação. A dificuldade de perder tem como desdobramento uma permanente insaciabilidade. Frente às perdas inerentes à vida, este sujeito se vê como um injustiçado, já que o ato de ganhar seria, para ele, da ordem de um direito pessoal.

Por isso mesmo, podemos dizer que o sujeito da contemporaneidade não busca mais a psicanálise com o intuito de se livrar da culpa de ordem neurótica, mas para buscar um sentido para viver. A exigência de felicidade não consegue disfarçar, mesmo que o queira, o sentimento de desesperança que se tornou uma das marcas da nossa contemporaneidade.

Em vez de trazer satisfação, o otimismo superficializado, pelo contrário, afasta o sujeito da sua própria intensidade, produzindo um desencontro do homem atual consigo mesmo que se traduz em ausência de sentido para a vida.

Isso ocorre por uma crença de que poderia existir um paraíso sem sofrimento e sem perdas. Acreditar em um mundo onde não há sofrimento faz da realidade uma fonte perpétua de frustração e insatisfação. Para um mundo que se quer sempre encantado, a realidade é fonte de um permanente desencantamento.

Diante da homogeneização vinda do que estamos aqui chamando "obrigação de ser feliz", o sofrimento aparece como um lugar de resistência, um lugar que não se deixa capturar pela máquina do hedonismo. À imposição de anestesiar a dor e vestir a máscara da felicidade os sofredores responderiam com a música "De mais ninguém", de Arnaldo Antunes e Marisa Monte:

> Se ela me deixou, a dor
> É minha só, não é de mais ninguém
> [...]
> Se ela me deixou a dor é minha,
> A dor é de quem tem.
> É o meu troféu, é o que restou,
> É o que me aquece sem me dar calor.
> Se eu não tenho o meu amor,
> Eu tenho a minha dor. [...]

A cultura atual, ao propor anestesiar o sofrimento, está muitas vezes negando a um sujeito algo que no fundo lhe é bastante precioso. Calar a dor pode equivaler a calar algo valioso que não quer ser calado. A dor é um afeto humano que se tem como sendo muito próprio. Uma das sensações mais incríveis ligadas à dor é a sensação de que só o sujeito conhece o que sente, que ele até pode compartilhar com o outro, mas o modo e a dimensão do sentido da dor só se revelam para si próprio. A dor é um caminho solitário e faz de cada ser uma singularidade. Querer silenciá-la é, muitas vezes, negar a um sujeito aquilo que lhe é mais caro, mais próprio, mais singular. Escutar a dor de uma pessoa, oferecer-lhe um lugar legítimo dentro de toda a complexidade da vida afetiva permite inscrever o sujeito na sua própria intensidade. Essa operação potencializa a força de um sujeito. Não fosse por isso, o que levaria Marguerite Duras a escrever que: "a dor é uma das coisas mais importantes da minha vida" (Duras, 1986, p. 8)?

O Erotismo

Ao contrário da figura do hedonismo, o erotismo inclui o sofrimento. Trabalharemos a categoria do erotismo a partir dos livros de Bataille *O erotismo* (1980), *A experiência interior* (1992), *A parte maldita* (1975) e *Teoria da religião* (1993).

Enquanto o sujeito hedonista é objetificado, no erotismo encontramos a dimensão do "sacrifício", que consiste, conforme explicou Bataille (1980), em destruir o objeto na vítima, arrancando-a do mundo da utilidade. O princípio da utilidade faz do homem um objeto que serve à máquina da produção e do trabalho. O objeto, ou o sujeito coisificado, é destruído pela operação do sacrifício: matar a vítima é eliminar o objeto que ela é. Assim, enquanto no hedonismo o sujeito é transformado em coisa, no erotismo a coisa nele é destruída pelo sacrifício.

O sujeito enquanto objeto morre para dar lugar a um estado em que não há mais separação entre sujeito e objeto. Um estado de continuidade do sujeito com o objeto, no qual não há mais oposição entre um e outro, um estado de imanência que lança o sujeito ao mundo do íntimo. O sacrifício busca resgatar uma intimidade perdida, restabelecendo a continuidade. A continuidade supõe a perda dos limites que amarram o eu na ordem da utilidade (ou seja, a ordem da descontinuidade), na qual há uma separação nítida entre sujeito e objeto. O registro da descontinuidade está inserido na ordem do mundo do trabalho, da duração, da eficácia e da utilidade. Nesse registro, as coisas são concebidas a partir da sua utilidade e da sua finalidade, somente tendo existência e valor na medida em que se revestem de alguma finalidade.

Entretanto, a morte no sacrifício faz ver à ordem real descontínua que a duração é ilusória. A duração diz respeito ao tempo do trabalho, tempo estéril fechado ao mundo do erotismo. Se por um lado sentimos a necessidade da ilusão da duração, por outro esta exigência nos furta a vida. Só a impossibilidade da duração nos liberta. O sujeito inserido na ordem do trabalho faz parte de uma funcionalidade da qual ele é mero objeto, situação que possui duas variáveis: assegura-o no seu medo de morrer e inscreve-o em uma ordem da funcionalidade desprovida do afã de viver. O trabalho atenua o medo de morrer porque está circunscrito na ordem da duração. Só a morte e o sacrifício fazem soçobrar esta ordem, gerando, paradoxalmente, mais vida.

Neste sentido, o sacrifício presente no erotismo aponta o tempo todo para a dimensão angustiante da dor: "quando se descreve o indivíduo na operação do sacrifício, ele se define pela angústia" (Bataille, 1993, p. 43). O erotismo está associado à dor, à violência, ao sacrifício e à morte. Afirma a vida na morte, estando a dimensão mortífera sempre aí presente, na medida em que significa a destruição das formas constituídas, descontínuas, do ser. "Toda consecução erótica tem por princípio a destruição da estrutura do ser fechado que é, no estado normal, um participante da ação" (Bataille, 1980, p. 18).

O que está aqui em ação é, segundo o autor, uma ruptura do estado fechado e aprisionante da existência descontínua da utilidade, da duração e do trabalho, na qual o sujeito é mero objeto. O erotismo destrói este fechamento do sujeito em si mesmo, promovendo uma espécie de comunicação entre os seres que permite a busca de uma continuidade do ser, violando o isolamento individual em que cada um de nós se encerra. A continuidade não significa uma fusão de dois corpos, mas a continuidade do ser consigo mesmo que se manifesta por uma quebra de fronteiras, uma perda dos limites do eu, das amarras de uma individualidade que se quer durável.

Desta maneira, o erotismo aproxima-se da morte porque implica uma experiência de total perda dos limites referenciais do eu. A experiência erótica não deixa de ser um fascínio pela morte, morte da individualidade que se desfaz ao viver um encontro de continuidade com um outro no qual não existe mais oposição entre sujeito e objeto. Há aí uma quebra de fronteiras que é dolorosa, na medida em que provoca no eu uma desorganização, mas que, no entanto, exerce um enorme fascínio sobre o eu. Se há uma violência inerente ao ato erótico, é a violência da continuidade, do *excesso* que marca este ato.

Por isso mesmo, o erotismo não significa o encontro com um outro que me completa, porque algo me falta. Podemos analisar a experiência erótica não como a busca de uma completude aspirada por um sujeito da falta, mas, ao contrário, como uma *experiência do excesso* que se revela na experiência interior de quebra de fronteiras como uma situação limite de perda de si. Deste ponto de vista, não se trata de pensar se, no ato erótico, é o outro que me completa ou não, mas de refletir sobre a via erótica a partir do encontro do sujeito com regiões que a descontinuidade do eu não permite que sejam ultrapassadas. O que está em questão, aqui, não é a falta, mas a busca de uma continuidade perdida, a ânsia de ultrapassagem dos limites egoicos vista como uma experiência de dor que provoca ao mesmo tempo um enorme fascínio. Neste sentido, podemos pensar que o erotismo não significa necessariamente o encontro com um outro ser humano, mas sim o encontro com o "outro", o estranho, o diferente, esteja este dentro ou fora de mim.

O princípio da perda

Se a dor é um elemento intrínseco ao erotismo, é porque neste entra em operação o "princípio da perda" (Bataille, 1975). O erotismo se associa a uma experiência de perda na qual há uma despesa, um gasto excessivo que consiste em pura perda sem qualquer finalidade útil. O gasto em questão no erotismo é bem diferente da ganância da sociedade de consumo, em que o gasto visa à aquisição, à acumulação, enquanto a consumição no erotismo é pura perda e não uma perda que se direciona para uma finalidade útil. A diferença entre estes dois gastos está em que um está totalmente inserido em uma lógica individualista, visando ao bem-estar individual, enquanto o outro inscreve-se em uma dimensão de trocas que constitui uma ordem de laço social. O desperdício como função social é totalmente diferente da aquisição de bens para um fim utilitário.

Desta maneira, a noção de despesa improdutiva, de desperdício, mostra como o homem tem uma capacidade infinita de ser tragado pelo princípio da perda. Trata-se de um processo que não é de acumulação, mas, ao contrário, de dilapidação de bens. Os homens são atravessados pelo princípio da perda de diversas formas, pois a vida humana precisa deste trabalho de gasto do excedente que não foi utilizado pelo processo de crescimento. Observa-se este movimento de gasto improdutivo de forma bem clara e evidente no sistema de trocas das sociedades primitivas, em que o gasto é concebido a partir da noção do dom. Mauss (1950) descreve a experiência primitiva da troca no texto "Ensaio sobre o dom", analisando a função do *potlatch* nas sociedades primitivas, mostrando como a ostentação, sob a forma de uma dádiva, constituía-se em signo de soberania. As riquezas eram oferecidas de forma suntuária ao inimigo, visando a humilhá-lo e desafiá-lo. A perda apresenta-se, neste contexto, como princípio arcaico de riqueza.

O *potlatch* consiste na destruição suntuária das riquezas acumuladas, no intuito de anular o chefe rival. Os elementos essenciais em jogo neste sistema de "troca-dom" são a rivalidade, a honra e a glória. Os elementos de troca não precisam ser exclusivamente bens e riquezas, mas também gentilezas, festas, danças, serviços militares, mulheres, crianças. Se a destruição sacrificial das riquezas serve para manifestar poder perante o inimigo, ela também representa um sacrifício aos espíritos e aos deuses.

Porém, se observamos a dilapidação de riquezas como um elemento central dos regimes sociais primitivos, percebemos que a dilapidação não é menos fundamental quando se analisa outras formas de instituir-se socialmente. Como mostra Bataille, o gasto improdutivo é inevitável para a sobrevivência de qualquer grupo social. Não somente uma perda desmesurada existe em estado endêmico em todo grupo social, mas também este precisa da perda para se manter vivo. Um organismo vivo necessita do escoamento do excesso para conseguir sobreviver. O pensamento de Bataille nos ajuda a compreender melhor o ponto de vista econômico na teoria freudiana, pois este registro da metapsicologia determina que se faça necessário, para a sobrevivência do psiquismo, o escoamento do excesso pulsional.

Por isso mesmo, aos homens de hoje cabe também – mesmo não sendo da forma culturalmente legitimada como era o ato simbólico da perda nas trocas primitivas – dar um destino para o inelutável excedente. O destino que se dá ao excesso é tão fundamental que vai marcar o modo de viver e de sobreviver seja de um organismo individual ou de um grupo social. Deste ponto de vista, podemos dizer que o destino dado ao excesso é a marca maior de um sujeito, aquilo que constituirá a sua singularidade.

Nota-se que o princípio da perda faz do erotismo uma experiência totalmente diferente daquela que caracteriza o gozo hedonista, na medida em que, como vimos, este último é regido pelo princípio da utilidade, no qual o que está em jogo é a permanente aquisição de novos bens. Como aponta Baudrillard (1981b), há uma diferença enorme entre o consumo de hoje e o gasto primitivo. No sistema atual, o gasto não se insere como um ato simbólico no contexto de um corpo social, pois visa massificar os sujeitos em um esbanjamento funcional e burocrático. "Este tipo de prodigalidade não possui qualquer aroma simbólico de 'potlatch'; constitui a solução desesperada [...] de um sistema econômico-político em perigo de naufrágio" (Baudrillard, 1981b, p. 46). O *potlatch* se expressava como um ritual de festa e não como uma forma nefasta de homogeneizar os sujeitos.

Neste sentido, o hedonismo não possui nada de erótico, sendo sua meta principal angariar prazeres, investindo em um capital de sedução que é o oposto do erotismo, pois este último consiste em uma experiência de perda: perda de si mesmo, perda das fronteiras entre sujeito e objeto. Enquanto o princípio da perda é marcado pelo gasto e pela despesa, o princípio da utilidade caracteriza-se pela usura. O hedonista é um acumulador de prazeres tal qual um acumulador de riquezas, estando muito mais próximo da perversão do que do erotismo. Bataille assinala que o prazer do princípio da utilidade é um prazer menor, um prazer ameno ordenado pela ilusão cômoda e apaziguadora que pressupõe um mundo no qual impera a felicidade. O prazer explosivo, prazer da intensidade inscrito na dimensão da continuidade, é tratado pela visão utilitarista como um prazer patológico. O gozo hedonista, inserido na necessidade de aquisição e tendo como alvo a conservação do eu, está distante do erotismo, pois este último faz estremecer os sistemas da racionalidade social da produção, revelando que, de fato, a vida começa quando estes sistemas se quebram.

Assim, a força do excesso rege a vida e constitui sua base. A moral moderna, reinante na sociedade industrial, tenta anular o excesso, como se fosse possível contê-lo inteiramente no domínio da utilidade regido por uma repartição justa dos bens, cuja intenção é garantir a autoconservação. Se pensarmos na primeira teoria pulsional elaborada por Freud, podemos dizer que as forças que aqui estão em jogo são as da luta entre a pulsão sexual e a pulsão de autoconservação. Há uma força viva na pulsão sexual que estremece os princípios reguladores, os quais têm por meta a conservação do eu.

Mas há sempre um excedente que não é absorvido pela utilidade, tendo que ser gasto improdutivamente. São vias eróticas, estados de excitação, que não respondem à lógica dos bens materiais ou morais, não podendo ser usados "racionalmente dentro de uma existência jurídica, de sistemas ordenados pela racionalidade social da prestação de contas" (Bataille, 1975). A existência humana é marcada por perdas consideráveis que caminham no sentido oposto ao das razões que fundam uma economia razoável. O gasto improdutivo é uma consumação inútil, um excesso de força viva que não pode ser contido, na sua totalidade, pelos sistemas da produção. Este processo, que coloca em operação um gasto de energia que não é útil, um excedente que não serve para nada, nos coloca na dimensão do erotismo.

O erotismo como uma experiência do desamparo

O erotismo, portanto, associa-se a esta dimensão da dor e da morte. Como vimos, também em Freud o erotismo apresenta uma dimensão ameaçadora, uma vez que os impulsos sexuais não respondem às mesmas exigências que os princípios que buscam conservar a vida biológica. Desta forma, pode-se dizer que o erotismo tem o poder de colocar a vida do sujeito em risco. Não é à-toa, por tanto, que o erotismo apresenta este aspecto perigoso e ameaçador, já que não só o eu corre o risco de desmoronamento, mas a própria vida biológica do sujeito pode entrar em colapso frente às exigências radicais do erotismo, o que foi muito bem apresentado, por exemplo, no filme *O império dos sentidos*, de Nagisa Oshima. O espectador se vê impactado pelo aspecto abissal e incoercível da morte inerente ao erotismo.

Podemos analisar que, desde o início, o erotismo associou-se, na teoria freudiana, à dimensão da dor e do excesso, pois, num primeiro momento, Freud circunscreveu a etiologia da histeria a uma experiência de sedução da criança efetuada por uma pessoa mais velha, experiência que se apresentaria como traumática. Isto fez com que a sexualidade precoce fosse, no início, indiscriminadamente chamada de teoria do trauma ou teoria da sedução. Neste sentido, a compreensão do erótico associou-se a uma experiência dolorosa para a existência do sujeito. Mais tarde, esta teoria foi ultrapassada, na medida em que ficou difícil para Freud acreditar na veracidade dos relatos de sedução, pois estes levavam à suposição de uma quantidade muito grande de adultos perversos sedutores de criancinhas.

A teoria da sedução, ou do trauma, foi então substituída pela noção de fantasia. Os fatos narrados não teriam acontecido realmente; os pacientes os teriam fantasiado. O trauma passou a ser concebido como uma fantasia do sujeito a respeito da sua sexualidade precoce. Este deslocamento levou Freud a inaugurar uma nova compreensão da sexualidade, retirando-a do registro exclusivamente biológico no qual até então se inscrevia.

No entanto, é importante enfatizar que a ideia de uma sedução inicial não foi afastada do corpo teórico da psicanálise, tendo sido apenas esvaziada do seu conteúdo traumático. A teoria da sedução, nesta passagem para a fantasia, não é mais igual à teoria do trauma. A esta última foi dado outro destino, bem mais tarde, após Freud ter elaborado o conceito de pulsão de morte, no texto "Além do princípio do prazer" (1920), a partir da constatação da compulsão à repetição característica dos sonhos de angústia das neuroses traumáticas. Permanece, portanto, a ideia de uma sedução inicial que no entanto perderia o seu conteúdo traumático. Assim, toda criança é inicialmente seduzida por um outro que a toca, que a acaricia, que desta forma a erotiza. Os cuidados maternos não podem ser considerados uma experiência asséptica que visa exclusivamente às necessidades de higiene e às necessidades vitais do bebê, pois nestes cuidados está envolvida uma enorme erotização, uma libidinização do corpo da criança.

Todavia, apesar de a questão do trauma ter saído de cena por um certo momento da teorização psicanalítica, já que a sedução enquanto experiência traumática deu lugar à sedução como uma cena de amor idílica entre a mãe e o filho, podemos pensar que a questão traumática não deixou nunca de existir, pois o encontro com o outro materno não deixa de ter um forte impacto pulsional. A criança encontra-se numa posição de passividade face à intervenção de um outro que é sempre uma presença maciça e excessiva. A sedução que ocorre nestes momentos originários do sujeito pode ser considerada análoga a um trauma, na medida em que o toque do outro é necessariamente da ordem do excesso. A passividade inicial do bebê faz dele um receptáculo das intensidades energéticas que lhe chegam de forma impactante.

Em "Mal-estar na civilização" (1930), Freud ressalta a dimensão de excesso como inerente à presença do outro, ao mostrar que, entre as fontes do sofrimento, a relação com um outro ser humano é aquela que mais tormento produz na vida de um sujeito. Das três fontes do sofrimento – quais sejam, as catástrofes naturais, com sua força destruidora; os males que irremediavelmente acometem o nosso corpo; e a dificuldade do relacionamento com as outras pessoas –, a última é sem dúvida aquela capaz de abalar da maneira mais atroz a existência do sujeito.

Tocamos novamente na figura da alteridade, a fim de enfatizar que o erotismo requer não somente a presença de uma alteridade, mas também que tal presença seja da ordem do excesso e da dor. É com angústia que se dá a inserção da alteridade no psiquismo do sujeito, possibilitando a via do erotismo.

O erotismo está, assim, associado intrinsecamente ao afeto e às intensidades. No texto "Três ensaios sobre a teoria da sexualidade" (1905), Freud aponta para a dimensão do excesso ligada à excitação, ao apresentar as zonas erógenas como a abertura do corpo todo para a excitabilidade. A excitação é da ordem de uma ameaça, pois coloca o sujeito diante de uma região subjetiva que não é a do apaziguamento e sim a da inquietação causada pelo excesso. Não se restringindo unicamente aos órgãos genitais, a sexualidade amplia-se, estendendo o campo de ação da excitação erógena. A ideia da excitabilidade das zonas erógenas é fundamental para a compreensão da relação que aqui estabelecemos entre o erotismo e a dor. Se as zonas erógenas têm papel central na sexualidade, é porque são o suporte corpóreo para o aumento de tensão sexual oriundo da excitabilidade.

Por outro lado, o erotismo pode ser articulado à vivência da dor do desamparo. Quando o outro não se inscreve para o sujeito no domínio da utilidade, como no caso do gozo hedonista, a experiência erótica aponta para um estado originário de passividade, estado de dependência do bebê frente ao outro, que Freud, em "Projeto para uma psicologia científica" (1895a), chamou de *desamparo primordial*, como explica Birman:

> A condição originária e inultrapassável do sujeito é a de estar desamparado em face de seu corpo e de seu mundo, não podendo contar pois com defesas seguras diante do perigo e da dor. Advíriam daí o trauma e a angústia, reveladores desse desamparo originário (Birman, 1999a, p. 52).

Este estado de fragilidade inerente ao desamparo abre-se para a via do erotismo, pois o sujeito desamparado não está fechado em si mesmo, sendo-lhe mais difícil, portanto, rigidificar-se no mundo da utilidade característico do estado da descontinuidade. O desamparo permite ao sujeito realizar a demanda ao outro, promovendo uma abertura necessária ao campo do outro. Isto é o erotismo, quando o sujeito não se sustenta mais na onipotência fálica, abrindo-se para a experiência do novo. É uma experiência da intensidade, na qual um corpo que traz aberturas em si mesmo permite a entrada das excitações que vêm do próprio corpo assim como do mundo.

O desamparo, desse modo, aponta para uma "fragilidade vital" (Vaz, 1997). Se há uma face negativa e sombria do desamparo, a qual conduz o sujeito ao masoquismo, à inexistência erótica e à dor mortífera, há também uma face do desamparo que promove a solidão criativa, a possibilidade de o sujeito se abrir para o novo e se reinventar permanentemente. Vimos como o gozo hedonista é resultante de um mundo em que as pessoas perderam os ideais e a crença nas utopias, um mundo sem fé e sem proteção, produzindo um estado de desamparo que tem como consequências o hedonismo e a inserção do sujeito no circuito do masoquismo e da submissão. Este é o lado macabro do desamparo, que seria neste contexto melhor designado por *desalento*, ao se constituir em uma experiência de total aridez de laços sociais ou eróticos, e que não faz contraponto a qualquer possibilidade de amparo. O desamparo só pode ser positivo quando faz contraponto à presença insofismável de um amparo. Deste ponto de vista, a possibilidade erótica do desamparo é a de estabelecer laços que não se caracterizam pelo circuito masoquista. É uma fragilidade que no fundo é uma grande força, força criativa que permite a quebra das fronteiras e a invenção de novos mundos. É uma fragilidade que traz consigo uma enorme vitalidade, manifestando-se pelo erotismo na sua plena potência de abrir as portas do sujeito para o mundo, arrancando-o da dimensão fechada e estéril da utilidade, permitindo assim a entrada das excitações e das intensidades. Tal caminho não é sem dor!

CAPÍTULO II

Positividade da pulsão de morte

A dor e o prazer

As noções de prazer e desprazer são fundamentais para a psicanálise, na medida em que esta compreende o psiquismo humano como sendo essencialmente um aparelho de "prazer, desprazer e angústia" (David-Ménard, 1983). A formação do psiquismo se dá a partir da filtragem e da descarga das quantidades brutas de excitação que o atravessam. São os remanejamentos internos destas quantidades, com as marcas que vão deixando, que constituem a singularidade de um sujeito. Deste modo, o aparelho psíquico é, antes de tudo, um aparelho que administra o *tour de force* entre o gozo sexual e a elaboração do pensamento – enquanto o primeiro se atualiza através da descarga motora, o segundo consiste na inibição da descarga. Assim, o funcionamento do psiquismo se dá a partir da diferença de nível das energias que circulam no aparelho e da repartição desta energia no mesmo. Portanto, a tarefa da elaboração psíquica é dar conta dos excessos de excitação, seja pelo movimento mais imediato de uma descarga radical, seja pela tentativa de uma descarga mais gradual que é a base do mecanismo da representação.

A partir da economia pulsional do prazer, podemos destacar, como correlata, uma economia pulsional da dor. Freud aponta dois caminhos possíveis em relação ao prazer: a evitação do desprazer ou a obtenção do prazer. A partir destas duas aproximações ao prazer, podemos pensar então em *dois possíveis sentidos para a dor.*

Assim, em "Mal-estar na civilização" (1930), Freud afirma que, apesar de não ser possível alcançar a satisfação total, vale a pena buscar a satisfação, ainda que ela seja sempre parcial. E os caminhos para tal busca são diversos: "Caminhos muito diferentes podem ser tomados nessa direção, e podemos conceder prioridades quer ao aspecto positivo do objetivo, obter prazer, quer ao negativo, evitar o desprazer" (Freud, 1930, p. 83).

Deste modo, na sua dimensão positiva, o caminho da satisfação implica em produzir prazer sem evitar a dor, numa perspectiva, portanto, fora do princípio do prazer, já que não busca diminuir o desprazer, mas experienciar o prazer de forma concomitante à dor, ou seja, a um aumento da quantidade de excitação. O sujeito, por esta via, não se inscreve no prazer da evitação, pois, ao acolher a dor, pode também experienciar outras intensidades de prazer e de satisfação.

O caminho do evitamento da dor implica, pois, em sujeitos regulados pelo princípio do prazer. Entendemos que esta forma reguladora da economia do prazer tem como consequência um enfraquecimento da intensidade pulsional (denominada por Freud de *força* da pulsão), mantendo uma espécie de homeostase pulsional que não permite a abertura do sujeito para o campo das *intensidades*. Por outro lado, o caminho que admite uma travessia da dor conduz a uma maior mobilidade pulsional, pois não se trata de um caminho que evita as intensidades, não sendo portanto uma via reativa, mas uma via afirmativa.

A dor entre o princípio e a intensidade

O princípio do prazer/desprazer é um princípio regulador no processo da constituição do eu.

O psiquismo surge a partir da regulação e da complexificação das quantidades brutas de excitação que adentram o aparelho psíquico a partir do mundo exterior e da vida intercelular do organismo. O sujeito se constitui através das marcas deixadas pelas trilhas da excitação. O princípio do prazer regula estas intensidades: sua meta é evitar o desprazer e produzir o prazer, caracterizando-se o desprazer pelo aumento das quantidades de excitação e o prazer pela diminuição das mesmas.

A instância prazer-desprazer é, pois, um dos operadores da organização psíquica, responsável pela sua conservação. Seu mecanismo tem por objetivo fazer com que a quantidade dos estímulos não chegue a um grau insuportável para o organismo, cabendo ao aparato neurona manter no psiquismo um nível ótimo de energia que não exceda uma determinada quantidade. Assim, o psiquismo pode regular, pelo funcionamento da descarga, os excessos da excitabilidade. Segundo este princípio, o excesso é um incômodo que deve ser devidamente eliminado pelo processo da descarga.

A compreensão do princípio do prazer como descarga o aproxima, inicialmente, do princípio de inércia, postulado, no "Projeto para uma psicologia científica" (1895), como a tendência a livrar completamente os neurônios da quantidade de energia que recebem, isto é, a levar o mecanismo da descarga ao seu máximo, de modo que a excitação seja totalmente eliminada.

Todavia, estes dois princípios se afastam nas elaborações teóricas posteriores, quando o princípio da inércia neurônica é substituído pelo princípio de constância, devido à constatação da necessidade de se manter constante uma certa quantidade de energia para o organismo executar as ações necessárias à sua autoconservação. O princípio de constância só foi formulado como tal em 1920, no ensaio "Além do princípio do prazer", tendo sido anteriormente chamado de uma "tendência para a constância", fazendo parte, inclusive, das compreensões acerca do aparelho psíquico organizadas por Freud e Breuer por volta dos anos 1892-1895. No "Projeto para uma psicologia científica" (1895), propôs-se a existência de uma tendência para a constância como uma função secundária ao princípio de inércia, tendência essa que teria sido imposta pelas exigências da vida.

Portanto, caso houvesse uma eliminação total da excitação, como postulava o princípio de inércia, o organismo morreria. O princípio de constância, além de visar à diminuição da carga de excitação, garante também que um mínimo de energia se mantenha constante. Constitui, por um lado, uma defesa contra o aumento energético; por outro, não permite o escoamento total, mantendo constante uma certa quantidade de energia através do evitamento dos estímulos externos e da descarga dos estímulos internos.

A substituição do princípio de inércia pelo princípio de constância é fundamental para a compreensão do princípio do prazer/desprazer, pois a constância oferece as condições de possibilidade para o funcionamento deste último. Ao efetuar a substituição do princípio de inércia pelo princípio de constância, Freud insere o psiquismo no registro da representação, pois a série prazer-desprazer inscreve a pulsão em um circuito ordenado tanto pelo seu representante quanto pelo campo dos objetos.

No texto "Três ensaios sobre a sexualidade" (1905), Freud articula o princípio do prazer à representação, enfatizando o caráter qualitativo da pulsão, conduzindo-a ao campo do seu representante. Vale ressaltar que a opção teórica de abandonar o princípio de inércia pelo princípio de constância marcou toda uma arquitetura conceitual que, em determinado momento do percurso freudiano, teve o conceito de representação como a peça chave da discursividade psicanalítica.

No texto "Formulações sobre os dois princípios do funcionamento psíquico" (1911), Freud novamente articula a representação ao princípio do prazer, demonstrando como o mecanismo da primeira depende do funcionamento do segundo.

No "Projeto para uma psicologia científica" (1895) e na *Interpretação dos sonhos* (1900), já havia sido elaborada a noção de que o desprazer causado pelas tensões internas da necessidade leva o sujeito a alucinar o objeto desejado, o qual supostamente saciará as exigências de satisfação. Por sua vez, o texto "Formulações sobre os dois princípios do funcionamento psíquico" (1911) descreve a passagem da alucinação à representação. Neste contexto, destaca-se o desapontamento decorrente da alucinação como aquilo que leva o psiquismo a representar o objeto do mundo exterior, visando a uma satisfação mais efetiva. É portanto a experiência de uma decepção que está na base da constituição da representação, havendo uma contraposição entre o registro do fantasma e o registro da representação. Enquanto o primeiro detona imediatamente o funcionamento da descarga, o segundo produz uma retenção, reservando energia para executar a ação específica que conduza à satisfação através dos objetos da realidade. Entre a demanda de satisfação exigida pela pulsão sexual e a ação que sacia esta demanda insere-se a representação.

Desta maneira, a passagem da alucinação para a representação associa-se ao estabelecimento do princípio da realidade. Este princípio não se opõe ao princípio do prazer, mas o modifica – tem também como finalidade a satisfação, mas introduz a possibilidade de um adiamento da obtenção do prazer, a fim de que haja uma alteração efetiva no mundo exterior. O princípio da realidade não possui a mesma exigência do princípio do prazer de que a satisfação seja efetuada de forma imediata; ao contrário, ele é capaz de regular a descarga com a finalidade de reservar energia para ser investida posteriormente nos objetos de um modo mais efetivo, isto é, sem ser através do fantasma, mas sim de uma intervenção direta no real. A partir da intervenção do princípio da realidade, a descarga motora do princípio do prazer se transforma em ação. A substituição da descarga pela ação só é possível se o sistema retém a energia, permitindo que ela se escoe gradualmente.

Assim, o princípio da realidade se afina com o princípio de constância, no sentido de promover uma reserva de energia para ser utilizada posteriormente no mundo exterior, sendo esta conjuntura o solo no qual surge a representação, quando o psiquismo passa a representar o objeto desejado com o intuito de reencontrá-lo na realidade. A suspensão da descarga motora é efetuada pela representação, a qual resulta do adiamento da descarga.

Observamos que o princípio da realidade se encontra, portanto, na mesma linha conceitual da noção de ação específica do "Projeto para uma psicologia científica" (1895). A ação específica requer uma reserva de estímulo necessária para se executar a ação que vai saciar a tensão interna. Esta ação intervém justamente no sentido de impedir o desprazer gerado pela descarga maciça, quando o estado de desejo é acionado pela alucinação. Com a interferência de uma outra pessoa, a tendência inicial para a descarga absoluta desdobra-se para a repartição da energia em descargas menores.

De que forma a questão da representação entra em cena neste contexto? Insistimos neste ponto, a fim de mostrar que a representação articula-se com um prazer controlado, regulado. Assim, ocorrendo novamente o estado de necessidade, surgirá um impulso psíquico para reinvestir a imagem-lembrança do objeto, com a finalidade de reproduzir a satisfação originária. O estado de desejo leva ao investimento da imagem do objeto de satisfação, mas sem que o objeto real esteja presente, produzindo-se então uma alucinação de desejo. No entanto, a alucinação, como dissemos, está fadada a uma inevitável decepção, que faz acionar novamente o estado de desejo. Este último passa a buscar a satisfação por duas vias distintas: pela operação da identidade de percepção (alucinação), orientado pelo processo primário que visa encontrar uma percepção idêntica à imagem do objeto de satisfação; ou pela identidade de pensamento, cuja busca da satisfação é articulada pelo processo secundário, pela contenção da descarga, pela transformação da energia livre em energia ligada.

Correlatos ao princípio do prazer e ao princípio da realidade são reciprocamente o eu-prazer/desprazer e o eu-realidade, ambos elaborados no artigo "Formulações sobre os dois princípios do funcionamento psíquico" (1911), no qual se confronta o eu-prazer ao eu-realidade. Este enquadre teórico se altera no texto "Os instintos e suas vicissitudes" (1915), quando é introduzida uma nova figura da subjetividade, o eu-real originário, o qual seria diferente do eu-prazer/desprazer e do eu-realidade definitivo. Neste contexto teórico, o eu-prazer/desprazer confronta-se com o mundo externo da seguinte forma: incorpora aquilo que lhe dá prazer e expulsa aquilo que lhe causa desprazer. Quando o objeto exterior é fonte de prazer, o eu-prazer/desprazer o introjeta; quando é fonte de desprazer, expele-o através do mecanismo da projeção. De modo que o eu coincidirá sempre com o prazer, ao passo que tudo o que é do mundo externo lhe aparecerá como indiferente ou desprazeroso.

O eu-real originário, portanto, liga-se ao prazer do órgão e é indiferente ao objeto. A parte da pulsão sexual suscetível de satisfação autoerótica serve de apoio ao surgimento do eu-real originário. No entanto, uma outra parte da pulsão sexual exige um objeto, levando ao abandono do estado narcisista inicial. O fato de que todo indivíduo encontra-se inicialmente em estado de desamparo faz com que este precise dos cuidados de um outro para atender as suas necessidades, o que acaba interceptando o mecanismo de descarga presente no autoerotismo.

Nesta forma de amor, não aparece ainda o eu-prazer/desprazer, pois este só surge quando o mundo externo é sentido como desprazeroso, vindo incomodar o estado narcisista do eu. Esta interferência desagradável acontece inevitavelmente, pois, para saciar as necessidades da pulsão de autoconservação, o eu é obrigado a se relacionar com os objetos, recebendo, portanto, os estímulos do mundo externo. Aqui se inscreve o domínio do princípio do prazer: o eu atrai para si o que do mundo exterior é prazeroso, e distancia-se daquilo que é desprazeroso.

Deste modo, o eu-real originário dá lugar ao eu--prazer/desprazer, sob a influência do princípio do prazer, constituindo o eu-prazer purificado. Nesta espécie de "purificação", o eu coincide com o agradável, sendo tudo o que é desagradável visto não só como estranho ao eu mas também como hostil, apresentando-se assim a segunda oposição do amor descrita por Freud, o amor--ódio. O eu-real originário constitui-se, portanto, em uma figura de intensidade na teoria freudiana.

A dor como uma experiência da intensidade

O ensaio "Além do princípio do prazer" (1920) propõe que, se existe um além do princípio do prazer, é preciso então rever a fórmula de que o sonho é realização do desejo. Logo, devemos pressupor a existência de um tempo anterior ao eu-prazer, ou seja, a existência de um eu-real originário.

Vemos assim que a figura do eu-real originário se revela uma subjetivação que não opera segundo a regulação do princípio do prazer, mas segundo o princípio do Nirvana, em um além do princípio do prazer. Este modo do eu se forma por um mecanismo de descarga, numa ordem do tempo marcada pelo registro do instante e da descontinuidade dos instantes, configurando-se a partir da autonomia conferida à força pulsional frente ao campo do representante-representação da pulsão. "A nova figura do eu real originário é o contraponto, no registro do sujeito, da autonomia conferida à força pulsional na primeira parte do ensaio sobre as pulsões" (Birman, 1995a, p. 236). Neste sentido, há uma associação direta entre o novo registro do eu, enunciado pela primeira vez em "Os instintos e suas vicissitudes" (1915), e a autonomia que passa a ser dada à força pulsional a partir das elaborações de 1915, sendo este modo de eu o processo subjetivo correspondente à dimensão quantitativa da pulsão, a dimensão do afeto. Assim, neste registro originário, o eu é pura afetação, inscrito em uma ordem do tempo totalmente diferente do eu-prazer/desprazer, sendo suscetível à descontinuidade dos estímulos provenientes do mundo exterior. O registro do eu-prazer/

desprazer seria regido pela continuidade, pois seu mecanismo passa a dominar a disjunção e a dispersão da força pulsional.

Com efeito, a marca de uma força constante neste registro permite a distinção originária entre o dentro e o fora, pois o eu pode passar a discriminar entre a força pulsional constante como determinante do mundo de dentro e a descontinuidade dos estímulos como característica do mundo de fora. Desta forma, a discriminação entre o dentro e o fora torna-se possível a partir de "um bom critério objetivo" (Freud, 1915): a eficácia da ação muscular permite fugir dos estímulos de fora, não sendo possível fazer o mesmo com os de dentro. À medida que o eu percebe que os estímulos externos são descontínuos, pois desaparecem com o mecanismo motor da fuga, nota também que há uma força constante que vem de dentro, sendo a ação da fuga inútil neste caso. O estímulo constante é a marca de um mundo interior, pois a pulsão não atua por um impacto momentâneo, mas por uma pressão constante que, por vir de dentro do corpo, não desaparece com a fuga.

O critério que o eu-real originário usa para distinguir o dentro e o fora tem como referência, então, a continuidade (dentro) e a descontinuidade (fora) da força pulsional. Assim, a pressão da pulsão é a marca maior para a diferenciação do psiquismo, é a sua marca, a sua singularidade.

Em relação aos destinos pulsionais formulados em 1915, o eu-real originário corresponderia aos dois primeiros, isto é, à transformação da atividade em passividade e ao retorno em direção ao próprio corpo pulsional.

A mudança da atividade para a passividade ocorre em relação à meta da pulsão, quando esta passa de uma meta ativa para uma meta passiva. Isto acontece, por exemplo, com os pares de opostos sadismo-masoquismo e prazer de ver-exibicionismo, nos quais a meta ativa de torturar e olhar é substituída pela passiva de ser torturado ou ser olhado. A mudança da atividade para a passividade coincide com o retorno em direção ao corpo pulsional. Neste último, a mudança ocorre em relação ao objeto para o qual se dirige a pulsão, permanecendo a meta enquanto tal.

Quanto ao par sadismo-masoquismo, ocorre primeiro uma ação sádica sobre uma outra pessoa, violência que depois se volta para o próprio sujeito, consumando-se a mudança da atividade para a passividade. É a partir de então que se busca um novo objeto, o qual passará a ocupar o lugar do agente externo infligidor da violência. Este terceiro momento é o masoquismo, que neste texto se engendra a partir de um sadismo originário. Neste retorno para o corpo pulsional, comparece *uma sensação de dor concomitante ao prazer da excitação sexual*, isto é, um funcionamento psíquico não direcionado pelo evitamento do desprazer que rege a série prazer-desprazer: "temos todas as razões para supor que também as sensações de dor, como outras sensações de desprazer, debruçam-se sobre a excitação sexual e produzem um estado prazeroso em nome do qual o sujeito, inclusive, consentirá de boa vontade o desprazer da dor" (Freud, 1915, p. 124).

No retorno ao corpo pulsional, aparece a sensação da dor. A subjetividade originária do eu-real é constituída *através da dor*, pois esta surge justamente no retorno em direção ao eu, ao mesmo tempo que uma subjetividade originária se forma pela passividade erógena face a um outro. O masoquismo é, portanto, um momento inaugural do sujeito: é a partir do encontro com o outro que ele se constitui, pelo redirecionamento da energia expulsa motivado pelo amparo do outro. Veremos, no próximo capítulo, que o masoquismo de que se trata aqui é o masoquismo primordial erógeno.

Neste registro originário, deparamo-nos com a noção freudiana de impressão, a qual, de maneira distinta da tradição filosófica do empirismo, não diz respeito às marcas dos objetos inscritas em um ser passivo, mas sim à força e à atividade da pulsão que se instauram no corpo pulsional a partir de expulsões, descargas e redirecionamentos da sua carga energética.

Esta parcela da pulsão que retorna fica fora do campo das representações, inscrevendo-se como impressões, signos de percepção (*Wahrnemungszeichen*), os quais são signos isolados, que não se alinham em uma cadeia significante, pois não se ligam a outras impressões de forma a constituir uma série, mas ficam registrados como uma marca (*Prägung*):

> Considerada em si mesma, a impressão é exterior à linguagem e ao sentido, não se insere na cadeia significante por não estar ligada a outras impressões de modo a formar uma série significante. A impressão tem muito mais o estatuto de uma *Prägung* do que de um significante, ou, a se considerá-la como um signo, ela é mais da ordem do sinal ou do índice do que da ordem do significante (Garcia-Roza, 1991, p. 54).

Assim, a porção pulsional que se situa fora das representações inscreve-se como marcas perceptivas sem relação de oposição, pura percepção, apresentando-se através dos signos de percepção – dos quais Freud fala nas suas correspondências para Fliess – que se constituem como uma primeira transcrição.

A figura do eu-real originário está relacionada ao sistema da consciência-percepção. Não se trata aqui da consciência proposicional que articula a representação-coisa à representação-palavra, a consciência plena do sujeito que se torna consciente, mas, antes, de outra forma de consciência, constituída por marcas e impressões, a qual tem um canal direto com a percepção.

No "Projeto para uma psicologia científica" (1895a), o sistema da consciência-percepção (*Bewusstseinswarhnehnnung*) é o que oferece signos de qualidade para *psi*. É o sistema *w*, que se localiza na superfície perceptiva mais externa do aparelho e, ao mesmo tempo, próximo ao sistema pré-consciente. No sistema da consciência-percepção, o investimento é feito pelos estímulos endógenos, tendo como efeito a atividade alucinatória como fruto da regressão da excitação.

Consistindo em uma "porta de entrada" com livre circuito da energia, este sistema recebe tanto as quantidades que vêm de fora através de ψ (*phi*) quanto as estimulações internas provindas da vida intercelular do organismo. Estas quantidades são enviadas sob a forma de signos de qualidade para *psi*. Deste modo, o sistema psíquico recebe do sistema ϖ os signos de qualidade, que são "aspectos sensíveis da percepção não redutíveis à quantidade" (Garcia-Roza, 1991, p. 214).

Portanto, a qualidade é a *diferença* entre as quantidades, ou seja, os signos impressos pelo intervalo entre as estimulações da excitação. Estes últimos não são uma marca em si que um objeto imprime em um sujeito, mas a marca de uma diferença que é produtora da qualidade.

É importante salientar que, no que agora falamos de qualidade, não nos referimos ao caráter qualitativo da representação. Quando dizemos que o fator puramente quantitativo e indeterminado da pulsão se atrela à representação e passa a ter também uma qualidade, referimo-nos a algo bem diferente da ideia da qualidade como resultado da diferença entre as quantidades.

Mas, voltando ao sistema da consciência-percepção, uma característica fundamental deste é o fato de não ser um aparelho de memória. É nos neurônios, nos quais se gera a percepção, que ocorre a consciência, mas sem conservar traço algum do acontecido. Como a função deste sistema é manter uma recepção permanente da excitação exógena, não é possível realizar um armazenamento de traços, pois a placa perceptiva tem que se manter livre para poder receber os novos estímulos. Assim, o sistema da consciência-percepção é distinto dos sistemas pré-consciente e inconsciente, que são sistemas mnêmicos. Mas, para que estes possam se formar, devem necessariamente passar por aquele, pois a consciência-percepção é a porta de entrada obrigatória da energia no psiquismo.

No ensaio "O ego e o id" (1923), a consciência-percepção se diferencia dessas três tópicas. Ao mesmo tempo que se localiza na superfície do aparelho psíquico, a consciência-percepção mantém certa proximidade com o sistema dos traços mnêmicos, podendo ou não haver uma relação direta entre eles. Há, então, uma ponte entre a percepção e a memória. Para que os traços mnêmicos possam tornar-se conscientes, devem primeiro se transformar em percepção. Após dizer que os traços mnêmicos são representações-palavra que uma vez foram percepções, podendo tornar-se novamente conscientes, Freud apresenta o que considera uma nova descoberta: "Somente pode tornar-se consciente o que uma vez foi percepção, e, à exceção dos sentimentos, qualquer coisa proveniente de dentro que quer tornar-se consciente tem que tentar transpor-se para percepções externas. Isto se torna possível por meio dos traços mnêmicos" (Freud, 1923, p. 22).

Assim, os traços mnêmicos são representações-palavra que outrora foram percepções e se transformaram em traços de memória. Para algo retornar ao pré-consciente, é necessário percorrer o caminho da percepção através do sistema consciência-percepção. Isso só é possível através dos traços de memória, dada a conexão direta entre o sistema de traços mnêmicos e o sistema perceptivo. Freud salienta que esta passagem do sistema mnêmico para o sistema perceptivo se dá por meio de uma alucinação; ou seja, o meio que os restos mnêmicos possuem para aceder ao pré-consciente diz respeito a uma mudança que implica em se tornarem novamente percepção, o que só pode ser feito via alucinação. Se o que é traço foi antes percepção, pode então tornar-se percepção através da alucinação. Logo, estabelece-se um canal direto entre a memória e a percepção: por um lado, o que é traço foi percepção; por outro, algo só pode virar percepção a partir dos traços mnêmicos, via alucinação, sendo esta uma espécie de "percepção interna" (Freud, 1923) que acontece como se o objeto estivesse realmente presente.

Podemos, portanto, depreender desta articulação entre percepção, memória e consciência a inserção fundamental do sistema da consciência-percepção. Este funcionamento articula-se com o mecanismo da alucinação, o qual se insere no registro de um índice de presença e não no registro da falta, fazendo-se apresentar pelo signo e não pelo significante. Ao mesmo tempo, este sistema associa-se a uma modalidade originária do eu que, como vimos, não se refere a um sujeito do inconsciente, a um sujeito da representação recalcada, não estando, dessa forma, inserido no registro inconsciente dos traços mnêmicos. Por não se inscrever no registro do inconsciente, o eu-real originário não faz distinção entre o sujeito e o objeto, pois não faz uso do mecanismo da representação, operando a partir dos signos de qualidade.

Freud especifica a qualidade a partir do fator tempo, ao articulá-la com a noção de período. Esta noção, apresentada pela primeira vez em "Projeto para uma psicologia científica" (1895a), diz respeito ao funcionamento dos processos excitatórios dentro de uma certa duração de tempo. Se os neurônios ϖ do sistema consciência-percepção não são afetados pelas quantidades, pois só recebem quantidades menores de Q, sofrem contudo a interferência do período da excitação. Se, até o momento em que apresentou a noção de período, Freud só havia compreendido o decurso da quantidade endógena como transferência de quantidades de um neurônio para outro, agora ele propõe que se considere a natureza temporal dos neurônios.

Deste modo, o período remete ao ritmo das intensidades, marcado pela diferença entre as quantidades e não pela monotonia monocórdica de um princípio que quer intensidades sempre reguladas. O sistema *psi* também tem o seu período, mas este carece de qualidade, pois o ritmo da excitação em *psi* é regular, já que não há aí uma diferença substantiva entre as quantidades.

O sistema ϖ pode produzir a qualidade da excitação, na medida em que se encontram aqui desníveis significativos dos estímulos, permitindo demarcar a diferença dos períodos do movimento neuronal. Assim, o sistema ϖ fornece o fator qualitativo através do período, a partir do qual o aumento e a diminuição das excitações são considerados dentro de uma certa duração de tempo, ou seja, um intervalo, um ritmo que se estabelece no movimento neuronal devido à diferença entre as quantidades de excitação.

Em dois outros textos, Freud também alude a esta noção, mas sem introduzir nenhuma novidade em relação ao que expusera em 1895. Em "Além do princípio do prazer" (1920, p. 8), dá importância ao fator tempo nas diferenças entre as quantidades de excitação, ao dizer que "o fator decisivo no que diz respeito à sensação é, provavelmente, a medida do aumento ou da redução da quantidade de excitação num determinado período de tempo". Por sua vez, em "O problema econômico do masoquismo" (1924, p. 166), Freud assinala que o prazer e o desprazer não devem ser apenas referidos ao aumento ou à diminuição da quantidade, mas também ao ritmo, ao ciclo temporal das alterações. O prazer e o desprazer têm obviamente relação com o fator quantitativo, mas não parecem depender dele e sim "de um caráter, que só podemos denominar de qualitativo. Estaríamos muito mais adiantados na psicologia, se pudéssemos indicar este caráter qualitativo".

Assim, encontram-se, na teoria freudiana, duas aproximações ao prazer. Sob a regulação do princípio do prazer, o prazer manifesta-se através da eliminação da dor. Para além deste princípio, destaca se um lugar de intensidade caracterizado pela produção de uma tensão peculiar que pode ser tanto prazerosa quanto desprazerosa: "Nossa consciência nos transmite desde o interior não somente as sensações de prazer e de desprazer, mas também as de uma tensão peculiar que, por sua vez, pode ser prazerosa ou desprazerosa" (Freud, 1920, p. 61).

Nesta vertente, a questão da dor e do prazer é deslocada para o campo das intensidades, ou seja, o que está em jogo aqui não é a visão hedonista de que viver é ter prazer e fugir da dor, mas sim uma proposta ética de viver a vida na sua intensidade, ainda que de maneira dolorosa.

Schneider, nos artigos "Freud e o prazer: do princípio à experiência" (1977) e "A sedução e a excitação consentida" (1978), analisa duas formas de conceber o prazer na teoria freudiana. Uma delas – e em torno da qual se constrói um forte alicerce teórico para o edifício conceitual da psicanálise – compreende o prazer a partir de um princípio que faz dele um modo de *extinção*, de *anestesiamento*, de *adormecimento*; a outra concebe o prazer como uma experiência que inclui um ato de *despertar*, de *renovar*, de *seduzir*. O prazer como evitação da dor se distingue radicalmente, economicamente falando, do prazer como fruição.

Nesta perspectiva, a ideia de existir "um prazer do princípio" e "um prazer da experiência" demonstra como a economia do prazer pode conduzir a *sentidos distintos para a dor*, quais sejam, o de uma experiência que se abre para a intensidade da excitação, implicando uma *passagem pela dor*, e o de um prazer que busca, ao contrário, evitar a dor. A concepção freudiana do prazer inclui duas palavras antagônicas – prazer e princípio –, uma vez que o princípio neutraliza o prazer de seus poderes transgressores e transformadores, retirando dele a sua força eruptiva: "No acento dado ao movimento do prazer como o de colocar fim a uma excitação, todo sentimento de conquista de uma intensificação levada ao extremo encontra-se já de saída neutralizado" (Schneider, 1977, p. 93).

A finalidade de neutralizar o prazer tem na teoria os seus desdobramentos. Vê-se, nos primeiros escritos de Freud, uma associação entre prazer e doença, pela qual as práticas sexuais que não visam à eliminação do prazer foram inicialmente recusadas. De fato, em alguns textos iniciais, surge uma aproximação entre a química sexual e os fenômenos da intoxicação, em que o prazer tem a função de uma operação "antipolutiva": um prazer purificador (de fato Freud passa a chamar em 1915 o eu-prazer de um eu-prazer purificado) que elimina do corpo as substâncias "tóxicas" da excitação do prazer sexual. Contribui para esta compreensão do prazer purificado o abandono da teoria da sedução – não há qualquer "abuso" nesta espécie de "limpeza energética". Assim, a possibilidade de se experimentar o prazer através dos "poderes corporais" é descartada, sendo a sedução considerada uma coisa ruim, vista sob uma forma de "abuso", algo que não deve ser admitido. Segundo Schneider, ao abandonar a teoria da sedução, ou seja, a presença fundamental do outro na experiência do prazer, Freud anula a sedução da mãe como um movimento de abertura para a excitação. A intenção do princípio do prazer é assim a de

> dominar o que se apresenta como outro [...]; a tensão entre si e outro, entre uma identidade experimentada e aquilo que faz vacilar esta identidade deve ser reduzida, anulada, a fim de permitir um retorno ao *status quo* anterior, o retorno a uma posição rígida, estável, com uma sensação de pertencimento a si e de domínio (Schneider, 1977, p. 111).

Neste contexto, o princípio do prazer surge como o maior aliado nas lutas contra a libido sexual, ao lado da pulsão de autoconservação, fazendo da experiência do prazer uma forma de regulação e domínio da excitação e não um movimento de abertura para o erotismo.

No entanto, apesar da presença, no texto freudiano, desta forma anestesiante de prazer, também encontramos nele o prazer como abertura para a excitação sexual, cujo efeito não é o adormecimento, mas o despertar. Não o prazer anestesiante, mas a experiência vital da intensidade que subjaz ao fenômeno do erotismo.

À concepção do prazer como diminuição da tensão opõe-se a noção do prazer que excita e desperta. No texto "Três ensaios para uma teoria da sexualidade" (Freud, 1905), o prazer se insere numa atitude de recepção e de acolhimento às excitações. A formulação teórica das zonas erógenas implica que um certo grau de tensão sexual é necessário para a sua excitabilidade. Nesta perspectiva, a excitação pode ser acolhida como um fator de vitalização e não de anestesia da dor.

Neste contexto, aparece um dos sentidos possíveis para o termo *Reiz*, que, além de significar estímulo, é também encanto, atração, sedução. *Reiz* remete a uma abertura à exploração das zonas sensíveis do corpo, chamadas em 1905 de zonas erógenas, que se constituem a partir da troca e do contato com outro ser humano.

Desta forma, a vivência de satisfação apresentada no "Projeto para uma psicologia científica" (1895a) não consiste em receber do outro apenas as intervenções (ações específicas) para eliminar a tensão das necessidades vitais, pois se insere numa experiência de *Reiz*, experiência de sedução que se encontra presente nos cuidados maternos. Vista sob este prisma, a ação específica não aponta apenas para um cuidado asséptico que atende às necessidades da autoconservação, pois se insere num ato de erogeneização da criança através do qual a excitação deixa de ser vista como um "abuso", para tornar-se uma "força de atração" na relação de dependência de um outro.

Podemos analisar a noção de um objeto sedutor a partir do fenômeno estético. O sujeito é seduzido pelo objeto artístico, não sendo somente ele a fonte do olhar, pois, ao colocar-se numa posição de passividade erógena, também é olhado pela obra. Desse modo, a contemplação se dá a partir de um encantamento exercido pela excitação que provém do "objeto-obra de arte". A experiência estética consiste, assim, numa espécie de abandono de si que permite uma relação ao prazer, ocorrendo de uma forma receptiva e não reativa. A obra é uma alteridade capaz de erotizar aquele que a contempla, permitindo "um movimento de expor-se, com todas as defesas abaixadas, à iniciativa de um outro" (Schneider, 1978, p. 115); um movimento do prazer experimentado como uma fruição, um prazer decorrente da recepção da excitação.

A noção de passividade que este abandono de si condensa não é a passividade entendida como sinônimo de não-ação, de anulação de si, pois também é possível conceber a passividade como uma força. Um sujeito pode inscrever-se fora do domínio do falicismo; é o feminino inaugurando uma ordem que não é a da rivalidade e da competição fálicas, mas a de uma força que é criativa porque rompe com o domínio fálico. Esta força é anulada quando a passividade encontra-se no registro fálico, expressando-se por uma mortificação masoquista, ou seja, uma anulação de si.

A dor fora do princípio do prazer

Quando supomos uma dor que não precisa ser evitada pela regulação de um princípio reativo, propomos adentrar a região descrita por Freud como um além do princípio do prazer.

Com efeito, em "Além do princípio do prazer" (1920) são apresentados fenômenos que se contrapõem ao reinado do princípio do prazer no funcionamento psíquico, expressando-se através de uma compulsão à repetição. Este é o caso, por exemplo, dos jogos das brincadeiras das crianças, das compulsões de destino, da repetição dos pacientes no tratamento analítico e, principalmente, dos sonhos das pessoas com neurose traumática.

O exemplo dado sobre o jogo do menino que tenta elaborar a experiência dolorosa da ausência da mãe ao lançar para longe, inúmeras vezes, um carretel, aponta para um mais além do princípio do prazer, na medida em que repete uma experiência desagradável. Todavia, este caso não é de todo adequado para ilustrar um mais além do princípio do prazer, pois o fato de o menino viver ativamente uma situação que sofreu de forma passiva produz nele o prazer de domínio sobre algo que lhe causou uma intensa impressão quando vivido passivamente. Desta forma, estão intimamente entrelaçadas, neste exemplo do jogo do carretel, a compulsão à repetição e a satisfação pulsional prazerosa. Pois, quando as crianças substituem a passividade pela atividade que exercem no jogo, suas brincadeiras "pressupõem a existência e o reinado do princípio do prazer e não fornecem provas de tendências situadas além deste, vale dizer, tendências que seriam mais originárias que o princípio do prazer e independentes dele" (Freud, 1920, p. 17).

Outro exemplo são as chamadas "compulsões de destino", eventos repetitivos que trazem infortúnios. O sujeito se sente perseguido por um "destino fatal" ou um "poder demoníaco" que o coloca permanentemente diante de situações que lhe trazem sofrimento, situações que não é capaz de evitar e que portanto se apresentam como uma fatalidade. Como um "eterno retorno do igual", estes acontecimentos parecem contradizer o princípio do prazer, à medida que manifestam a repetição de experiências desprazerosas. Entretanto, Freud não se mostra muito convencido disso, pois o sujeito em questão não é uma vítima passiva de tais desgraças, estando ativamente comprometido com o aparecimento delas, além de obter um ganho secundário de prazer por estes sofrimentos, o que os amarra de certa forma ao princípio do prazer.

A repetição de experiências dolorosas se produz também no processo analítico, aparecendo como o cerne da experiência transferencial.

Por um lado, no que substituem a neurose propriamente dita pela neurose de transferência, os pacientes vivenciam o recalcado em vez de recordá-lo. Isto se dá através de uma repetição pela qual o recalcado inconsciente busca se fazer presente. No entanto, o retorno do recalcado encontra resistência por parte do eu, que tenta evitar o desprazer que a liberação do recalcado traria. A resistência por parte do eu consciente e pré-consciente está, portanto, a serviço do princípio do prazer, na medida em que o eu quer afastar o desprazer que a liberação do prazer recalcado provoca. Desta forma, no processo psicanalítico acontece um fenômeno de compulsão à repetição através do qual se materializa uma superação dos obstáculos da resistência, levando a uma exteriorização do recalcado pela repetição transferencial. Assim, enquanto o inconsciente não oferece resistência alguma para a irrupção do recalcado – muito pelo contrário, aspira fortemente por isso –, a compulsão à repetição provoca um grande desprazer ao eu, ao trazer para a cena transferencial as moções pulsionais que foram recalcadas por serem insuportáveis para o eu. Ao desprazer dos sintomas neuróticos subjaz, assim, uma intensa satisfação, pois estes consistem em um prazer que não pode ser sentido como tal, já que o recalque transforma uma possibilidade de prazer em uma fonte de desprazer. No entanto, esta forma de desprazer não contradiz o princípio do prazer, pois "é desprazer para um sistema e, ao mesmo tempo, satisfação para o outro" (Freud, 1920, p. 20).

Mas, por outro lado, a transferência conduz também à compulsão à repetição de situações afetivas dolorosas, e não apenas a vivências que, por serem prazerosas, tiveram que ser recalcadas pela instância censurante do eu. São experiências que em momento algum propiciaram qualquer possibilidade de prazer, nem sequer de um prazer recalcado. Freud oferece alguns exemplos destas situações desprazerosas: a insuficiência da criança frente a uma excitabilidade sexual precoce na vida infantil, para a qual a sua constituição corporal ainda não estava preparada, assim como a perda do amor edípico ou o ciúme sentido com o nascimento de um irmãozinho.

Assim, quando eventos penosos são atualizados na transferência analítica, entramos no campo do além do princípio do prazer, o que não ocorre de fato quando a repetição transferencial coloca em cena um retorno do prazer recalcado. A dificuldade de "apreender de uma forma pura, sem a ingerência de outros motivos, os efeitos da compulsão à repetição" (Freud, 1920, p. 22) leva à constatação de que a maioria dos fenômenos de repetição, apesar de indicarem um mais além, sofre a interferência do princípio do prazer. Mas a repetição de situações dolorosas age de forma independente deste princípio, situando-se "em todos os sentidos, mais além do princípio do prazer" (Freud, 1920, p. 36).

Um outro fenômeno que não deixa margem de dúvida quanto a sua autonomia em relação ao princípio do prazer são os sonhos de angústia dos neuróticos traumáticos, indicando uma compulsão à repetição "mais originária, mais elementar, mais pulsional que o princípio do prazer que ela destrona" (Freud, 1920, p. 23). Deste modo, das várias situações de repetição citadas por Freud, apenas duas permitem que ele afirme a existência de modo consistente do mais além do princípio do prazer: a repetição de eventos dolorosos na transferência e os sonhos de angústia. Os chamados sonhos de neurose traumática ocorrem com pacientes que sofreram acidentes não apenas graves mas totalmente inesperados, pois para sua eclosão é fundamental o fator susto. Estes sonhos reconduzem o sujeito à situação em que o trauma ocorreu de uma forma não regulada pelo princípio do prazer, já que fazem o paciente reviver, com regularidade (são sonhos que se repetem), uma situação de muito sofrimento. Consistem em uma volta retroativa ao trauma com a intenção de dominar o excesso de estímulos irrompidos no psiquismo.

Para falar do trauma, Freud vai usar a imagem do "modelo da vesícula" – um organismo vivo, de substância estimulável e superfície voltada para o exterior, servindo assim como órgão receptor de estímulos. Para melhor cumprir a função receptiva, sua superfície mais externa morre, transformando-se numa crosta calcinada que só permite que uma fração das energias do mundo exterior passe para os estratos internos. Ou seja, forma-se, no estrato externo, uma camada especial que "preserva os outros (estratos) de sofrer igual destino" (Freud, 1920, p. 27), agindo assim como uma proteção antiestímulo:

> Esta partícula de substância viva acha-se suspensa no meio de um mundo exterior carregado (*laden*) com as energias mais potentes, e seria aniquilada pela ação dos estímulos que partem dele se não estivesse provida de uma proteção antiestímulo (Freud, 1920, p. 27).

O trauma ocorre quando as excitações externas têm força suficiente para romper com a proteção antiestímulo, fazendo com que um volume grande de energia adentre o aparelho psíquico.

A noção do trauma é próxima àquela da dor conforme elaborada no "Projeto para uma psicologia científica" (1895a), quando é definida como a ruptura das telas protetoras contra as excitações externas; ou seja, a dor é o próprio excesso.

A vivência da dor

No texto de 1895, a vivência da dor é analisada de modo similar ao trauma, consistindo na irrupção de grandes quantidades de estímulos recebidas por *phi*, e atingindo *psi*. A dor é um dos poucos fenômenos cuja intensidade pode ser interpretada como equivalente ao fracasso do dispositivo que protege os sistemas *phi* e *psi* das grandes quantidades de estímulo que vêm do exterior. Assim, a dor se manifesta quando há uma irrupção de *Qs* (quantidades externas) excessivamente grandes que fazem romper o dispositivo das telas protetoras em *phi*, elevando a tensão em *psi*. O acréscimo de nível energético em *psi*, sentido como desprazer pelo sistema (sistema consciência-percepção), responsável, conforme mostramos, por fornecer signos de qualidade para *psi*, resulta em uma propensão à descarga que se associa à imagem-lembrança do objeto que provocou a dor.

Se a imagem-lembrança do objeto hostil é reativada por algum motivo – uma nova percepção, por exemplo –, surge um estado que não é de dor, mas de desprazer, o qual se associa à tendência à descarga. Portanto, se na experiência mesma da dor é a irrupção da quantidade externa que ocasiona o aumento do nível em *psi*, na reprodução desta experiência somente a quantidade endógena investe a lembrança, gerando desprazer. O desprazer é liberado por "neurônios secretores", que, quando excitados, influem na produção de *Qn* (quantidade endógena), agindo como estímulo em *psi* e produzindo desprazer. Desta forma, a imagem-lembrança do objeto hostil conserva uma facilitação privilegiada, o que leva Freud a concluir que "a dor deixa como sequela facilitações de particular amplitude" (Freud, 1895a, p. 366).

Assim, quando em "Além do princípio do prazer" (1920) o trauma associa-se ao pulsional destronando o domínio do princípio do prazer, podemos articulá-lo à experiência da dor como um excesso de excitação que fura a tela protetora do mecanismo de paraexcitação. Em 1920, é resgatado o ponto de vista econômico e sua valorização dos fatores quantitativos nos processos psíquicos – que ocupou o centro da cena das conceituações dos textos iniciais –, uma vez que a regulação do psiquismo volta a ser concebida como o confronto entre uma força excessiva da excitação e a efração do mecanismo de paraexcitação.

A dor psíquica como uma vivência traumática

Nesta perspectiva, o modelo da vesícula apresentado em "Além do princípio do prazer" (1920) permite uma comparação entre o trauma e a dor. A dor seria a efração do para-excitação em extensão limitada; o trauma, essa ruptura em grande extensão.

É pela reflexão sobre o trauma que Freud entra na questão principal do texto de 1920, qual seja, a introdução da noção de pulsão de morte, irredutível ao campo da representação e ao princípio do prazer. A utilização do modelo do trauma veio demonstrar que o pulsional é traumático, consistindo a pulsão de morte no próprio impacto traumático causado pelo excesso pulsional. Por outro lado, ante as tensões internas não há proteção, pois não existe um mecanismo do para-excitação para os estímulos internos, que se propagam de maneira direta e em quantidade não reduzida.

Deste modo, as excitações provenientes do interior do organismo são as mais importantes, porque contra elas não existe o mecanismo da proteção antiestímulo, provocando perturbações econômicas experienciadas como uma situação traumática. Mesmo não tendo sofrido nenhum acidente traumático, o sujeito encontra-se todavia "traumatizado", isto é, combalido por um excesso pulsional que não consegue dominar. A articulação do pulsional com o traumático focaliza a ideia da pulsão como força não inscrita na representação. O pulsional é traumático porque a força pulsional não é totalmente assimilada ao universo significante, irrompendo como um "corpo estranho" (Lejarraga, 1996) que não obedece ao princípio do prazer.

Portanto, quando se dá a irrupção de quantidades intensas de energia no aparelho psíquico, o reinado do princípio do prazer fica impedido. Apesar de o acontecimento do trauma mobilizar todas as formas de defesa das quais dispõe o aparelho, a regulação do princípio do prazer fica, inicialmente, fora de ação. Assim, frente à inundação energética há *uma tarefa anterior* ao acionamento do princípio do prazer: a de dominar a excitação, tentando ligar psiquicamente a grande quantidade de energia que irrompeu de forma violenta. É somente a partir de uma ligação inicial que o mecanismo da descarga pode ser detonado:

> O trauma externo provocará, sem nenhuma dúvida, uma perturbação enorme na economia (*Betrieb*) energética do organismo e porá em ação todos os meios de defesa. Mas num primeiro momento o princípio do prazer ficará abolido. Já não se pode impedir que no aparelho psíquico não entrem grandes quantidades de energia; a

> tarefa que se coloca agora é outra: dominar o estímulo, ligar psiquicamente as quantidades de estímulo que penetraram violentamente a fim de conduzi-las, *depois*, a sua tramitação (Freud, 1920, p. 29; grifo meu).

Mas aqui se coloca uma questão: se é somente *depois* da ligação que a energia pode ser tramitada pelo mecanismo da descarga e pelo princípio do prazer, podemos supor uma ligação anterior à representação, pois primeiro as excitações são ligadas fora do princípio do prazer para, só num segundo momento, o princípio do prazer entrar em ação, acionando a regulação das pequenas descargas que propulsionam a representação.

De que ligação se está falando, então, se o princípio do prazer é o que promove a ligação da pulsão com o universo dos significantes?

Com efeito, a noção de ligação (*Bindung*) remete à ideia da domesticação do pulsional feita pelo eu no intuito de reduzir a quantidade de energia que circula no aparelho e a descarga imediata para a qual tende a energia do processo primário. A energia é ligada quando o excesso da pulsão é amarrado ao campo da linguagem. Nesta perspectiva, a energia livre opõe-se à energia ligada, característica do processo secundário. Esta ideia, trabalhada tanto no "Projeto para uma psicologia científica" (1895a) como em "A interpretação dos sonhos" (1900), compreende a ligação associada ao funcionamento do princípio do prazer, o qual impede o aumento excessivo da energia e a sua descarga absoluta. A ligação feita pela representação, como já mencionado, tem o objetivo de promover uma alteração na realidade e não permitir a reprodução do desprazer gerado pela alucinação.

Mas a ligação pode ter uma outra fonte e um outro destino. Na retomada desta noção, em "Além do princípio do prazer" (1920), a ligação não se encontra em oposição ao processo primário, havendo uma ligação prévia ao processo secundário. Neste sentido, a compulsão à repetição dos sonhos de angústia é uma tentativa de ligar o excesso, ligação esta que é feita fora dos moldes do princípio do prazer, pois se trata de uma ligação que se faz a partir do próprio excesso e não a partir de um rebaixamento energético.

Para refletir sobre a tarefa do psiquismo de dominar logo de saída a excitação, Freud traz como exemplo a dor corporal da área atingida pelo trauma, para depois transpor a ideia para o trauma psíquico, ao querer entender como o aparelho psíquico domina a invasão da excitação.

O traumatismo da área afetada, diz Freud, leva à mobilização de um "contrainvestimento" à invasão do trauma. Para tanto, a energia de outros sistemas é convocada a fornecer um investimento energético de nível correspondente à invasão traumática, fazendo um contrainvestimento na área da ruptura. Este deslocamento da energia resulta em um empobrecimento dos outros sistemas, que, ao enviarem energia para a área dolorida, ficam desinvestidos. O sistema atingido não age por ato reflexo, ou seja, não utiliza a própria energia que o afetou para expulsá-la. Ele necessita da energia de sistemas vizinhos para descarregar o excesso energético provocado pelo trauma.

Assim, vemos que a própria operação da descarga não ocorre de maneira automática, pois requer um trabalho prévio de deslocamentos direcionados de energia. Propomos pensar a mobilização energética que se produz diante do impacto traumático como paradigmática desta primeira ligação, na medida em que é o contrainvestimento que permite ao psiquismo tramitar a energia excedente.

A angústia e o horror

O trabalho de mobilização energética executado pelo psiquismo frente ao trauma tem como contraponto afetivo a angústia. O trauma psíquico pode ser associado à noção do horror, resultante de uma desproteção do sistema diante do perigo gerado pelo acréscimo dos estímulos. O que causa o horror é a falta de um preparo prévio realizado pela angústia. A preparação pela angústia fornece justamente os "contrainvestimentos" à invasão da carga energética inassimilável pela representação. A angústia constitui, deste modo, *uma primeira ligação* que faz uma organização inicial no terreno psíquico, para que, depois, o princípio do prazer possa ser detonado: "Descobrimos, assim, que a preparação pela angústia, com seus sobreinvestimentos dos sistemas receptivos, constitui a última trincheira da proteção antiestímulo" (Freud, 1920, p. 31).

Neste sentido, os sonhos de neurose traumática têm a função de produzir a angústia cuja omissão causou o trauma. Como dissemos, estes sonhos consistem em uma volta retroativa ao trauma com a intenção de ter sobre ele algum domínio. A angústia que este tipo de sonho suscita consiste, assim, em uma ligação psíquica não articulada ao princípio do prazer. Por isso mesmo, a compulsão à repetição inerente aos sonhos traumáticos não obedece à postulação clássica de que os sonhos são realizações de desejo.

Nos sonhos traumáticos, a angústia que neles se produz – angústia-sinal – tem uma outra função, a de sinalizar a proximidade de algo terrível, ligando aquilo que irrompeu de forma abrupta e violenta. A produção onírica, neste caso, está a serviço de uma outra tarefa: produzir a angústia cuja omissão causou a neurose traumática.

Portanto, a compulsão à repetição dos sonhos traumáticos gera uma angústia que promove a ligação do excesso energético que assola o sistema psíquico. Por isso mesmo, a angústia-sinal já pode ser concebida como uma ligação, anterior ao acionamento do princípio do prazer e da representação. O funcionamento dos sonhos traumáticos, portanto, circunscrevem o sujeito em "uma função do aparelho psíquico que, embora não contadiga o princípio do prazer, é sem embargo independente dele, parecendo ser mais primitiva do que o intuito de obter prazer e evitar desprazer" (Freud, 1920, p. 37).

Como indica Lacan (1962-1963/2005), a angústia-sinal inscreve-se na dimensão do signo e não na dimensão do significante. O signo, conforme vimos, representa alguma coisa – o perigo – para alguém – o eu: "Freud, ao final da sua elaboração, fala da angústia-sinal que se produz no *Eu* como algo que concerne a quê? Um perigo interno. É um signo representando alguma coisa para alguém: o perigo interno para o *Eu* (Lacan, 1962-1963/2005, p. 193).

Lacan questiona o caráter de interioridade deste perigo. A discussão que propõe é sobre a noção de perigo interno, pois o sujeito no registro da consciência-percepção é um sujeito da exterioridade. O envelope do aparelho neurológico não tem um interior, sendo uma superfície que se interpõe entre a percepção e a consciência. A angústia-sinal, nesta perspectiva, representa o sujeito na sua exterioridade.

Assim, o signo aponta para a presença e não para a falta. A angústia-sinal é uma manifestação da presença do desejo do Outro. A angústia tem a sua origem, justamente, ali onde não há falta, o que levou Lacan a defini-la como a "falta da falta" (Lacan, 1962-1963/2005, p. 43). Esta presença é traumática devido à dimensão de excesso a ela inerente; a proximidade do Outro é perigosa pois pode fazer com que o eu nele se perca. O que provoca a angústia é esta solicitação de perda do eu que vem do Outro. O que angustia, neste sentido, não é a falta, mas a presença maciça e devoradora do gozo do Outro.

A angústia e o desamparo em Freud

O horror pode ser associado à angústia automática, já que esta é definida como a reação à irrupção do trauma, a um transbordamento insuportável da excitação. Nesta perspectiva, podemos associar a angústia automática como a expressão de um excesso pulsional que assola o psiquismo sem a intermediação da representação psíquica. Como sinaliza Birman (1993), a angústia do real, correlata das neuroses atuais, remete para o perigo ameaçador de uma economia pulsional que não está ligada ao campo dos objetos e da representação, enquanto a angústia de desejo, o referencial econômico das psiconeuroses, estabelece-se por uma perlaboração da experiência traumática.

Quanto à situação traumática, ela é apresentada em "Inibição, sintoma e angústia" (Freud, 1926) como equivalente a um estado de desamparo primordial (*Hilflosigkeit*). Querendo escapar do que chama de uma "obsessão pelo econômico", Freud efetua a passagem do ponto de vista econômico para o enfoque dinâmico da metapsicologia, a partir de uma condição quc avalia como determinante para a situação angustiante: a perda do objeto. A inserção do ponto de vista tópico é feita quando ele circunscreve o eu como o lugar de produção da angústia, não o id ou o superego. A ênfase no ponto de vista dinâmico ocorre ao se considerar que o perigo do aumento da tensão dos estímulos equivale ao perigo da perda de objeto, isto é, quando o traumático é o próprio desamparo primordial do sujeito: "Seja como um fenômeno automático ou seja como um sinal de socorro, a angústia demonstra ser um produto do desamparo primordial" (Freud, 1926, p. 130). A ideia de que o perigo é a perda do objeto se sustenta pela compreensão do objeto materno como aquele que alivia o desprazer causado pela tensão da necessidade, sendo portanto um objeto materno apaziguador:

> Com a experiência de que um objeto exterior, apreensível pela percepção, pode dar um término à situação perigosa [...], o conteúdo do perigo se desloca da situação econômica para a sua condição, a perda do objeto. A ausência da mãe torna-se agora o perigo; o lactante dá o sinal de angústia prontamente, antes que sobrevenha a situação econômica temida (Freud, 1926, p. 130).

Assim, antes que sobrevenha a situação tão temida do desamparo, o eu dá o sinal de angústia perante a proximidade desta situação. O "Projeto para uma psicologia científica" (1895a) descreve o sujeito humano como totalmente amparado em um outro, o qual realiza a ação específica que põe fim à tensão da necessidade. Para que a estimulação endógena cesse é necessária a intervenção de uma "assistência alheia", feita por uma pessoa adulta cuja atenção volta-se para o estado em que se encontra o bebê, manifestado por uma alteração interior que se mostra sob a forma de choro, grito ou movimentação de braços e pernas. Deste modo, diante do desprazer, o bebê faz uso do sistema motor buscando descarregar o acúmulo da tensão. A descarga que aí se realiza, contudo, não alivia a tensão do sistema *psi*, pois a estimulação interna continua. Se a criança grita ou chora, por exemplo, uma outra pessoa tem que socorrê-la e realizar a ação específica que leva à saciação da necessidade. Isto feito, o bebê pode realizar sozinho a operação interna necessária à eliminação do estímulo. Todo este processo corresponde ao que Freud denominou a vivência de satisfação, que marcará posteriormente o desenvolvimento das funções individuais:

> O organismo humano é, a princípio, incapaz de levar a cabo essa ação específica. Ela se efetua por meio de *assistência alheia*, quando a atenção de uma pessoa experiente é atraída para o estado em que se encontra a criança, mediante a condução da descarga pela via de alteração interna (Freud, 1895, p. 362).

O estado em que se encontra a criança é o de desamparo primordial. Diante deste, um outro é convocado a interpretar o grito ou o choro da criança como um apelo à satisfação das suas necessidades. A ação específica, noção embasada na teoria do arco reflexo, não se reduz a ser, na obra freudiana, uma simples descarga motora, uma descarga emocional puramente fisiológica, pois significa uma ação que coloca, desde o início, a presença de uma outra subjetividade como sendo necessária para prover e proteger o sujeito. Só é possível pensar a vivência de satisfação a partir da presença do outro na constituição do circuito pulsional. O fato de o ser humano no início depender totalmente de um outro para a sua formação e seu desenvolvimento revela a magnitude do estado de desamparo.

Em "Mal-estar na civilização" (1930), o desamparo é analisado como um mal-estar produzido pela própria cultura. O projeto da civilização coloca o sujeito diante de várias classes de perigos face aos quais se sente desprotegido e desamparado. Segundo Birman, o desamparo resulta da falta de solo e de fundamento que acossa o sujeito da modernidade, pois "a ausência da figura do pai como referência fundamental condensaria a quebra dos pressupostos da sociedade tradicional produzida pela modernidade" (Birman, 1999, p. 15).

Portanto, seja no seu aspecto econômico, gerando um excesso de excitação que é traumático, seja no aspecto mais estritamente dinâmico da perda do objeto, ou ainda no contexto mais amplo da cultura, isto é, a partir da ausência da figura do pai na cultura, a noção de desamparo é central para analisarmos a presença da dor no psiquismo.

A positividade da pulsão de morte

Ao trabalharmos a noção de angústia, estamos batendo à porta do terrível reino da pulsão de morte.

O desenvolvimento teórico dos fenômenos da compulsão à repetição levou à elaboração da hipótese da pulsão de morte. Em "Além do princípio do prazer" (Freud, 1920, p. 36), o pulsional se enlaça com a compulsão à repetição a partir do caráter conservador da pulsão, vista como "um esforço, inerente ao organismo vivo, de reprodução de um estado anterior". Regida pelo princípio do Nirvana, a pulsão de morte visa à descarga absoluta da tensão, de maneira a alcançar um estado zero de tensão. A natureza conservadora das coisas se revela na pulsão de morte por esta tendência a um retorno ao inanimado. A ideia de retorno ao inorgânico é correlata à constatação de que *a vida é uma tensão*: o vivo teve que renunciar a um estado sem qualquer tensão por causa do "influxo de forças perturbadoras externas" (Freud, 1920, p. 36). A pulsão tem uma elasticidade orgânica: é como se fosse um elástico que, uma vez sem tensão, retorna ao seu estado anterior. Assim, a primeira pulsão surgiu para diminuir a tensão gerada na matéria inanimada, com o intuito de regressar ao estado inanimado, sem tensão, da matéria.

Nesta perspectiva, Freud compreende os fenômenos vitais como "desvios" para se chegar à morte: o objetivo da vida é a morte. Mas, aqui, depara-se com um impasse: se o organismo deseja a morte, por que não se lança de uma vez em direção a ela? Freud responde que o organismo visa morrer, mas não pelo caminho mais curto; ele quer "morrer à sua própria maneira" (Freud, 1920, p. 39). É interessante notarmos que, aqui, a morte é valorizada na sua articulação com a singularidade do sujeito. Mais adiante desenvolveremos melhor esta questão.

A pulsão de autoconservação passa a ter neste novo contexto um lugar bem menor daquele que tinha na primeira teoria pulsional. A partir da concepção de uma pulsão demoníaca, a meta do ser vivo não é mais a autopreservação. O que o ser da pulsão quer acima de tudo é descarregar a sua força. Se na primeira teoria pulsional a pulsão de autoconservação protege o eu contra o sexual, na perspectiva da segunda teoria pulsional a conservação é um atributo de *Eros* e serve para assegurar que o caminho para a morte não sofra um curto-circuito devido a forças externas, mas que seja particular para cada organismo, garantindo que este morra a seu próprio modo e não pelo caminho mais curto. A autoconservação é relativizada na segunda teoria pulsional, deslocando-se a função de conservar a vida para a pulsão sexual, a partir de uma compreensão que não é mais a de preservar o eu do sexual, mas apenas a de conservar a vida por mais tempo. A conservação não vai contra a morte, apenas prolonga um caminho que já se dirige a ela.

Deste modo, há um "ritmo titubeante" na vida dos organismos. Um dos grupos pulsionais se lança com ímpeto para alcançar o mais rápido possível o fim da vida, o outro grupo pulsional recua em certo ponto deste caminho, para retomá-lo desde um certo lugar, estendendo desta maneira a duração do trajeto.

O que permite à pulsão de vida trabalhar contra o fenecimento é a busca da união. Já é bem conhecida a assertiva freudiana de que *Eros* visa a união e a pulsão de morte a desunião. O encontro da célula germinal com outras células germinais fortalece a operação de prolongamento da vida. Estudando o reino dos protistas, Freud mostra como a fusão de dois indivíduos celulares produz um efeito fortalecedor para os mesmos. Assim, no mundo celular, por razões inerentes ao seu processo vital, um indivíduo sozinho tende a zerar o nível de tensão, isto é, tende à morte, enquanto o encontro com um outro indivíduo diferente aumenta o nível da tensão, produzindo uma diferença vital, produzindo vida. A preocupação de Freud, aqui, vale ressaltar, não é com a fusão de dois corpos como reprodução da espécie, mas com um encontro erótico que atende ao interesse narcísico no desejo de prolongamento da vida de um indivíduo, a partir da compreensão de que "uma célula ajuda a conservar a vida de outra" (Freud, 1920, p. 49). A conclusão a que Freud chega é que a diferença, o encontro com um outro, ao gerar tensão, gera também vida, enquanto o solipsismo leva à morte.

Este fato é digno de nota: *a pulsão de vida perturba a paz.* A vida não é um lugar de calmarias no qual imperam a paz e a tranquilidade. A pulsão que leva o sujeito a buscar vida, a conquistar mundos, é um caminho de dor que provoca permanentes sobressaltos e angústias.

Assim, enquanto a pulsão de vida introduz tensão fazendo aumentar a carga de estímulos que incidem sobre o aparelho psíquico, a pulsão de morte quer voltar a um estado anterior inorgânico, desprovido de qualquer tensão. A pulsão de morte, neste sentido, não se encontra em oposição ao princípio do prazer, pois tem uma autonomia em relação ao mesmo. Enquanto a pulsão de morte trabalha, junto ao princípio do Nirvana, para uma descarga absoluta da tensão, o princípio do prazer opera para que haja uma regulação da tensão, não permitindo que haja nem um aumento excessivo, nem uma descarga total. É neste sentido que podemos dizer que o texto de 1920 indica um excesso pulsional mais além do princípio do prazer. O que caracteriza este mais além não é uma oposição ao princípio do prazer, mas o fato de ser independente do mesmo, consistindo em um mecanismo sem regulação: ou é excesso ou é descarga absoluta.

Como excesso, a pulsão de morte apresenta-se como uma tensão peculiar. Trata-se de uma região que não é especificamente de prazer ou de desprazer e sim, como já mostramos, um lugar de intensidade que se manifesta por uma "tensão peculiar, que, por sua vez, pode ser prazerosa ou desprazerosa" (Freud, 1920, p. 61). Esta nova visão da pulsão desfaz a ideia de que toda tensão é desprazerosa, admitindo que possa haver prazer no excesso. A fórmula anterior de que a energia ligada seria produtora de prazer e a desligada de desprazer não cabe mais aqui: os processos não ligados "provocam sensações muito mais intensas em ambos os sentidos que os ligados" (Freud, 1920, p. 61). O mais além do princípio do prazer desloca, como vimos, o polo do evitamento do desprazer para o polo da *produção de intensidades*, onde tanto o prazer quanto o desprazer são muito mais intensos.

Neste sentido, podemos apontar o aspecto paradoxal da pulsão. Observamos que há duas vias de compreensão para o conceito de pulsão de morte. Uma é a pulsão como o excesso que está permanentemente pressionando e perturbando o psiquismo, obrigando-o a sempre se mover. A outra via é a tendência à descarga total proposta pelo retorno ao inanimado. Nesta tendência, como vimos, a pulsão de morte associa-se ao princípio do Nirvana, ao querer zerar toda e qualquer tensão. O retorno ao inanimado aponta para a tendência conservadora da pulsão, tendência de um organismo que seria um ser para a morte cuja volição quer a ausência total de energia. Assim, se a pulsão como excesso é uma pressão, uma exigência, que é motor para a vida, a pulsão como retorno ao inanimado é mortífera, pois busca uma eliminação total da tensão.

Não é necessário priorizar a vertente do excesso ou a da descarga total, mas apenas apresentá-las como o próprio paradoxo da pulsão. Esta aparente ambiguidade da pulsão não é uma contradição que precisa ser superada, mas mostra a complexidade e a envergadura deste conceito na obra freudiana.

É importante observar que a pulsão de morte como aniquilamento, regida pelo princípio do Nirvana, contrapõe-se à tendência vitalista e à perspectiva evolucionista bastante presente no início do século XX. Tal corrente prega que o homem caminha em direção a um progresso, a um melhoramento, supondo no ser humano uma "pulsão de aperfeiçoamento" (Freud, 1920, p. 41). A pulsão de morte quebra radicalmente esta crença, na medida em que aponta para uma imprevisibilidade do circuito pulsional. Movido por uma pulsão disruptiva que o deixa permanentemente em estado de inquietude, o ser humano não tem a garantia de um caminho em direção ao progresso, ele é um devir em estreita correlação com o jogo das forças que se trava na pulsão.

Desta maneira, a ideia de um retorno ao inanimado não vem somente apontar a força da repetição no ser humano, pois consiste em um mito construído por Freud para *positivar a morte*, mostrando que a vida não nos leva necessariamente a uma evolução. Pelo contrário, a compreensão de um retorno mostra que a vida pode andar para trás.

> Para muitos de nós talvez seja difícil renunciar à crença de que no ser humano habita uma pulsão de aperfeiçoamento que o tenha levado até seu nível atual de rendimento espiritual e de sublimação ética, e que, é lícito esperá-lo, velará pela transformação do homem em super-homem. Mas eu não creio em uma pulsão interior desta índole, e não vejo qualquer caminho que permitiria conservar esta consoladora ilusão (Freud, 1920, p. 41).

Por mais que o ser humano tente, não será possível cessar esta força demoníaca que o conduz à destruição e não à evolução.

No entanto, se Freud introduz a pulsão de morte na sua radicalidade, ele também, sempre querendo manter seu projeto dualista, contrapõe à pulsão de morte uma outra força: *Eros*.

Assim, a luta entre a vida e a morte trava-se sempre a partir do encontro das forças eróticas e das forças mortíferas. Tanto na criação quanto na mortificação do sujeito, trata-se de um combate entre as forças, não sendo a pulsão de morte pura destrutividade: ela é também criação. Na verdade, existe sempre uma mistura de *Eros* e pulsão de morte, não havendo, portanto, uma pulsão que age sozinha, pois as duas atuam sempre juntas, só que em proporções variáveis.

Se, por um lado, *Eros* propicia uma ligação do excesso disruptivo da pulsão de morte, esta, por sua vez, rompe as ligações feitas por *Eros*, impedindo-o de posicionar-se como uma pulsão de aperfeiçoamento. Quando a pulsão de morte quebra tais sínteses, funciona como força disruptiva das ligações estabilizadas, possibilitando a criação de novas ligações, sendo a pulsão de morte uma porta possível para a chegada do novo. A disrupção não precisa ser somente aniquilação, pois, dependendo do destino que lhe é dado, serve para desestabilizar a ordem estabelecida, propiciando a mudança. A pulsão de morte trabalha contra as formas de vida estabelecidas e fornece elementos para a renovação.

Com efeito, se por um lado se mostra como força vital que avança, promovendo ligações do excesso pulsional, *Eros*, no ensejo de reunir e sintetizar, apresenta um efeito totalizador e mortificador. Quando a pulsão de morte desintegra o que está unido, busca a descarga total, mas com isso empurra também o organismo para a sua transformação. Há, assim, uma *positividade da pulsão de morte* na teoria freudiana, pois o além do princípio do prazer permite que o sujeito saia de um princípio que visa arrefecer sua intensidade.

A pulsão de morte, portanto, paralelamente ao impulso mortífero e destruidor, apresenta uma face de renovação e transformação, face esta que se alimenta da mesma fonte que os impulsos mortíferos, qual seja, o aspecto disruptivo e fragmentário da pulsão de morte. Ao não ter o seu poder nas totalidades, nas sínteses e unidades características da força de *Eros*, a pulsão de morte encontra na própria disrupção a saída vital ante as forças aniquilantes que também a constituem. Portanto, é no cerne mesmo da experiência da morte que encontramos uma saída vital frente às forças mortíferas que desejam aniquilar a vida.

É esta face libertária da pulsão de morte que leva Zaltsman (1993) a chamá-la de "pulsão anarquista". Ao lado do seu destino como uma pulsão mortífera, há um destino para a pulsão de morte como uma resistência ativa à mortificação do sujeito:

> O aguilhão da morte reúne as forças da pulsão de morte. Numa relação de forças sem saída, só uma *resistência* nascida das próprias fontes pulsionais de morte pode afrontar a ameaça de perigo mortal. [...] Só a energia dissociativa da pulsão de morte pode propulsar o ímpeto libertário (Zaltsman, 1993, pp. 64-65).

Uma questão importante a ser analisada é o que a conceituação da pulsão de morte representa na epistemologia da teoria freudiana. Este conceito promove uma virada na obra de Freud, na medida em que serve para sinalizar o limite do sujeito da consciência e da representação da filosofia metafísica. Ao enunciar o descentramento desse sujeito da consciência para um sujeito da representação inconsciente, Freud certamente opera um deslocamento da questão, mas deixa a psicanálise ainda atrelada a um sujeito da representação, mesmo sendo esta da ordem do inconsciente, pois se trata de um sujeito garantido pela ordem simbólica. A conceituação da pulsão de morte apresenta uma proposta mais radical. Essa virada na teoria freudiana constitui um corte com qualquer projeto que coloque a razão como o centro da cultura, fazendo a psicanálise ir mais além deste projeto, mesmo que seja, como Freud diz, de uma forma claudicante, já que "o que não se pode tomar voando, há que alcançá-lo claudicando" (Freud, 1920, p. 62).

Nesta virada do pensamento freudiano, a vida não está mais garantida, pois se afirma uma pulsão que conduz à morte. A pulsão de autoconservação tem agora um poder restrito, pois, se na primeira teoria pulsional havia uma pulsão para conservar o eu face ao sexual, na segunda teoria pulsional é exatamente *Eros* que adquire a função da preservação da vida. No entanto, *Eros* não tem qualquer interesse em ir contra a morte; apenas deseja prolongar a vida no seu caminho para a morte. O que *Eros* quer é não deixar que o organismo morra de uma forma abrupta, atropelado pela impetuosidade da pulsão de morte, pois o organismo não quer ser avassalado pela força da morte, mas quer "morrer à sua própria maneira", ou seja, quer afirmar tanto na vida quanto na morte a sua singularidade. A pulsão sexual está destinada, assim, a assegurar o caminho singular do sujeito no seu trajeto até a morte, afastando "outras possibilidades de retorno ao inanimado que não sejam as imanentes ao organismo" (Freud, 1920, p. 62).

A conceituação da pulsão de morte, neste sentido, indica que não há como se realizar uma preservação máxima da vida, pois esta não é um caminho rumo à perfeição do ser humano. Pelo contrário, a pulsão de morte aponta para a nossa precariedade e desamparo. A valorização da morte, no entanto, paradoxalmente conduz a um modo tonificante de conceber a vida. Podemos pensar que *morrer a nossa própria maneira* é também *viver a nossa própria maneira*. Neste equilíbrio precário, o sujeito se constrói em um permanente devir, como um acrobata entre a vida e a morte.

A pulsão como força e trabalho

Observamos que o conceito de pulsão em Freud se abre para o desenvolvimento de possíveis leituras. Como assinala Freud, a teoria das pulsões é a parte mais importante da teoria psicanalítica, mas também a mais incompleta. Por isso mesmo, a pulsão se apresenta como um conceito ambíguo e paradoxal.

Vale a pena, neste momento, acompanhar um pouco o percurso freudiano deste conceito, destacando o seu desenvolvimento nos textos "Os instintos e suas vicissitudes" (1915) e "Além do princípio do prazer" (1920).

O termo *Trieb* aparece no "Projeto para uma psicologia científica" (1895a), mas é somente em "Três ensaios sobre a teoria da sexualidade" (1905) que se converte no conceito de pulsão sexual. Neste último texto, Freud refere-se à pulsão como pulsão sexual (libido), distinguindo-a do instinto, que seria mais da ordem do biológico. Desta forma, estabelece a primeira teoria pulsional, definindo a pulsão sexual em oposição à pulsão do ego, inaugurando a proposta de um dualismo pulsional.

Assim, as psiconeuroses constituem-se a partir das forças pulsionais sexuais. Isto implica que não só a energia da pulsão sexual alimenta os sintomas neuróticos, mas que a força da pulsão é a única fonte constante de energia da neurose, sendo a marca essencial da pulsão a sua força.

Constatamos nesta formulação o aspecto da *força* da pulsão. Em "Os instintos e suas vicissitudes" (1915), este aspecto é trabalhado a partir da noção de que a pulsão é uma força constante que rege o psiquismo, uma força interna da qual o organismo não tem como escapar. É portanto diferente de uma estimulação externa.

Além disso, a pulsão é apresentada neste texto como um *esforço* que demanda um trabalho por parte do psiquismo. O circuito pulsional, portanto, perturba de forma constante o psiquismo (força), obrigando-o a se lançar na tarefa de buscar um destino para o excesso pulsional (trabalho). Neste sentido, podemos dizer que a pulsão é ao mesmo tempo *força* e *trabalho*.

Em relação à força, esta não consiste em uma força única, mas em um campo de forças. O próprio dualismo pulsional aponta para isso, demonstrando que a pulsão é uma relação de forças, um confronto entre forças.

No que diz respeito à exigência de trabalho feita à pulsão, a própria força trabalha ao pressionar o aparelho psíquico. A pulsão é uma força disruptiva que se constitui em motor do psiquismo na medida em que o pressiona a trabalhar.

Mas como entender esta exigência de trabalho? Uma leitura possível é a compreensão de que o trabalho exigido pela pulsão seria o trabalho de simbolização. No entanto, esta perspectiva subentende uma exterioridade da pulsão em relação ao psiquismo, isto é, que a pulsão seja vista como uma força que, de fora, exige o trabalho de elaboração psíquica, não sendo ela mesma psíquica. Entrevemos nesta forma de ver a questão uma separação entre corpo e espírito, a partir da qual a pulsão seria redutível a uma força corporal e o trabalho a ser feito seria exclusivamente o trabalho de simbolização.

Neste sentido, nosso esforço é pensar um trabalho que não seja concebido exclusivamente como simbolização. Já trabalhamos a possibilidade de uma ligação que não seja representação. Queremos avançar nesta questão, propondo, dessa vez, a existência de um trabalho não de simbolização, mas de *dispêndio de energia*. Se pensamos o psiquismo como um aparelho ao mesmo tempo de gozo e de pensamento, o que está em pauta aqui é o dispêndio da energia, ou seja, o modo como esta é tramitada no aparelho psíquico sob a forma de um escoamento. Vimos que o gozo é descarga e o pensar, uma inibição da descarga, pois a representação é uma suspensão da descarga motora. A diferença entre gozar e pensar é, assim, marcada por níveis distintos de repartição da energia. Haveria graus diferentes de descarga que se desdobrariam em produções psíquicas distintas.

Deste modo, a partir da noção de que o trabalho psíquico depende dos deslocamentos das quantidades de energia, deslocamentos que podem se dar com um maior ou menor dispêndio das mesmas, podemos nos perguntar se o diferencial intensivo de dispêndio da energia não é por si só parte do trabalho pulsional de todos estes elementos que estão em jogo na confrontação do psiquismo com as cargas de energia. Se a pulsão é também psíquica (na fronteira entre o corpo e o psiquismo), o circuito de remanejamentos e dispêndios energéticos por ela ordenado pode ser considerado também um trabalho do psiquismo.

É o que afirmamos pela suposição de que a mobilização energética dos sistemas – cuja finalidade é recarregar energeticamente o sistema afetado pelo trauma – pode ser considerada uma ligação, constituindo, assim, um trabalho de elaboração psíquica. Vimos que há uma ligação que age independentemente do princípio do prazer e do campo da representação. Tomamos a mobilização dos sistemas como paradigmática desta ligação. Esta primeira ligação, a nosso ver, já pode ser considerada um trabalho psíquico que corresponderá a um determinado processo de subjetivação.

Logo, propomos pensar a concepção de trabalho e a noção de ligação de uma maneira mais ampla, já que o trabalho psíquico não necessariamente se reduziria ao campo da representação. Quando Freud destaca, em "Os instintos e suas vicissitudes" (1915), a exigência de trabalho que a pulsão faz ao psiquismo, tal trabalho não precisa ser lido exclusivamente como uma elaboração psíquica feita via simbolização. O trabalho psíquico pode se abrir para um campo maior de possibilidades, a partir dos níveis de dispêndio energético do circuito pulsional.

Aliás, não podemos esquecer que, neste texto, Freud afirma quatro destinos possíveis para o circuito pulsional, sendo o recalque apenas um deles. Se os destinos pulsionais são o recalque, a reversão ao seu contrário, o retorno em direção à própria pessoa e a sublimação, a representação recalcada não é o único direcionamento para o circuito pulsional, assim como a simbolização não é o único trabalho psíquico possível. O que a pulsão busca é escoar-se e, neste escoamento, ela pode, ou não, ser amarrada ao simbólico. Se a ligação ocorre, ela se dá casualmente e não como uma finalidade última da pulsão. A pulsão como *força* é, pois, um empuxo de transbordamento dc uma intensidade que se traduz em excesso para o psiquismo. Neste sentido, a pulsão pode ter diversos destinos, conduzindo estes a diferentes processos de subjetivação. A pulsão é força e, como tal, impele ao trabalho, é pressão (*Drang*) que obriga o aparelho psíquico a encontrar a sua forma de escoamento, de ligação, de subjetivação.

Capítulo III

O Masoquismo

O masoquismo como proteção contra o desamparo

O termo masoquismo foi cunhado por Krafft-Ebing a partir do nome do escritor austríaco Léopold Von Sacher-Masoch (1836-1895), cujos romances descrevem obsessões e gostos de amor associados ao ser cruelmente maltratado, amarrado, castigado, humilhado e machucado pelas mãos de uma mulher vestida com peles e usando um chicote. A partir da obra de Sacher-Masoch, o eminente neuropsiquiatra formulou uma nova categoria psiquiátrica: o masoquismo, descrevendo um tipo de comportamento sexual no qual um sujeito obtém prazer através da dor, de sofrimentos e de humilhações físicas e morais.

Krafft-Ebing define o masoquismo menos pela ligação entre a dor e o prazer sexual do que por comportamentos mais profundos de escravidão e humilhação. Enquanto outros estudiosos preferiam o termo algolagnia, o qual enfatizava o prazer na dor, Freud utilizou o termo cunhado por Krafft-Ebing para destacar o prazer por diferentes modos de humilhação e submissão.

O masoquismo seria uma perversão peculiar da vida sexual na qual o sujeito afetado está "preso à ideia de ser completamente e incondicionalmente submetido à vontade de uma pessoa do sexo oposto, de ter esta pessoa como seu mestre, de ser por ela humilhado e abusado" (Krafft-Ebing, 1965/1998, p. 86). O masoquista nutre a fantasia de ser sexualmente humilhado e aviltado, e é este desejo que conduz suas ações.

Como indica Deleuze (1967), existem casos de algolagnia (prazer na dor) sem masoquismo, assim como outros de masoquismo sem algolagnia. O masoquista é um sujeito preso a uma posição de humilhação, submissão e escravidão, sem que necessariamente exista, no seu cenário psíquico, o prazer sexual com dor. O que há de fundamental no masoquismo não é o fato de o sujeito gozar com o sofrimento, apesar de esta ter sido a sua representação maior no discurso psicopatológico da segunda metade do século XIX. O que está no cerne desta experiência é o sujeito ocupar uma posição de servidão, sendo esta a forma que encontrou para refugiar-se do desamparo. O masoquismo é um modo de subjetivação pelo qual o sujeito se submete a uma outra pessoa. "Ao se enganchar no outro e se colar nele para fugir da angústia do desamparo, o sujeito estabelece com aquele uma relação de servidão que é figurada pelos masoquismos moral e feminino" (Birman, 1996, p. 47).

Portanto, a dor é uma resultante e um desdobramento da posição servil perante o outro, mas não é o que o sujeito tem a intenção de obter na configuração pulsional do masoquismo.

A temática do masoquismo em Freud parte da diferenciação entre os três modos de masoquismo descritos em "Problema econômico do masoquismo" (1924): 1) o *masoquismo erógeno*, marcado pela coexistência da dor e da excitação sexual, possibilitada pelo fenômeno da "coexcitação", o qual faz com que qualquer processo afetivo intenso seja acompanhado pela excitação sexual. O masoquismo erógeno é um elo primário entre *Eros* e a pulsão de morte e está na base dos outros dois masoquismos; 2) o *masoquismo moral*, efeito de uma forte presença da pulsão de morte no psiquismo, traduzindo-se por um sentimento de culpa inconsciente que ataca o ego, levando-o à autodestruição; e 3) o *masoquismo feminino*, que coloca o sujeito numa posição de servidão ao outro, levando-o à depreciação de si mesmo.

Quanto à questão do masoquismo na teorização freudiana, Birman (1999a) propõe repensar o sentido dos masoquismos erógeno, feminino e moral, mostrando que, enquanto os masoquismos feminino e moral são regidos pelo registro do falicismo, o masoquismo erógeno é justamente a dor que irrompe no sujeito quando há um estremecimento dos alicerces do seu falicismo, fazendo surgir a angústia do desamparo. Há portanto uma diferença quanto ao plano teórico em que se inscrevem os três modos de masoquismo. Apesar de os masoquismos moral e feminino fundarem-se no masoquismo erógeno, eles não se inscrevem no psiquismo no mesmo nível estrutural que este último, pois visam proteger o sujeito do desamparo.

O masoquismo como servidão

Observa-se que no masoquismo feminino e no moral – os quais podem ser associados ao masoquismo secundário, em contraponto ao masoquismo erógeno primário –, importa menos que haja um deleite com a dor e mais a presença de uma posição de servidão frente ao outro. Como indica Smirnoff (1991), o fundamental não é saber se o masoquista goza com seus sofrimentos, mas localizar a posição exata que ele ocupa na distribuição dos papéis no par amoroso. Nem o castigo físico nem o sofrimento moral são suficientes para localizar a especificidade do masoquismo, ou seja, sentir prazer na dor é condição necessária, mas não suficiente para defini-lo. O sofredor é masoquista ao querer que seu sofrimento seja causado por um outro ou ao colocar-se nas mãos de uma outra pessoa para que esta, no lugar de um deus, faça desaparecer a dor. Quando aquele que sofre utiliza a sua dor para a vitimização, ou seja, como um meio para angariar a piedade alheia, a fragilidade vira um campo propício para a instauração de um circuito de violência. O masoquista proclama seu sofrimento para através dele obter um benefício secundário, gozando ao exibir seu sofrimento e se fazer de vítima, sentindo-se culpado quando seu desejo é bem-sucedido, obtendo maior gratificação ao inspirar pena nos outros. A figura do mártir lhe é cara, pois o sofrimento transforma-se em um meio para a autoglorificação.

É interessante notar que o assombro diante do fenômeno da servidão não é nada recente. No século XVI, La Boétie (1530-1563) cunhou a expressão "servidão voluntária", trazendo luz a uma questão crucial da condição humana – não apenas os homens colocam-se na posição de serem servos de outros, mas empenham nisso a sua vontade.

O texto de La Boétie é intrigante pela forma como nele reconhecemos algo tão próximo a nós. O autor indaga como tantos homens podem se colocar nas mãos de um, como pode o ser humano abrir mão do gosto maior da liberdade para receber os favores do tirano, para ser "amigo do rei".

A atualidade desse texto provém da constatação de que o fenômeno da servidão encontra-se mais do que nunca presente entre nós. Com a queda da utopia libertária que marcou a modernidade, o fim da servidão, como se desejou e se propalou, não aconteceu. Pelo contrário, o enfraquecimento dos rígidos ditames morais da sociedade tradicional levou a um recrudescimento da submissão, que agora se localiza entre os que se consideram pares. O declínio da figura paterna de autoridade levou a um incremento de gozo que se transformou, neste novo arranjo social, em um dever, um imperativo de gozar. Não tendo mais que prestar obediência a um poder hierarquicamente colocado em uma esfera superior, o sujeito contemporâneo se submete aos seus pares.

Assim, a submissão persistiu com toda a sua força, mas com outra roupagem. O fortalecimento da submissão entre os pares se deve à derrocada dos valores da sociedade tradicional, que deixou os sujeitos desamparados, obrigando-os a constituir-se, agora, pelos seus próprios meios. Devido à ausência de figuras de autoridade que lhe sejam referência, o sujeito de hoje delega poderes e busca amparo naqueles com quem antes tinha apenas uma aliança fraterna.

Portanto, a servidão não desapareceu com a quebra das alianças hierárquicas tradicionais, existindo de forma ainda mais perigosa, escondida por trás do imperativo de que "cada um cuide da própria vida", ou de somos "donos do nosso nariz", ou seja, que não há nada mais importante do que o gozo individual. Esta é a falácia com a qual nos deparamos diante da nossa suposta liberdade, pois não estamos livres para gozar se assim o quisermos, tendo o gozo se tornado um dever.

A atualidade aparece como um solo profícuo para o surgimento da perversão, na medida em que nesta configuração cultural uns passam a abusar de outros de maneira caótica, arbitrária e cruel. A ausência de lugares previamente definidos para os agentes sociais faz com que estes entrem na lógica empobrecida do circuito do senhor e do servo. Escravizar-se ao outro de maneira masoquista seria então o modo privilegiado de ser da subjetividade contemporânea, como forma de proteger-se contra o desamparo que assola os nossos tempos. O masoquismo é um elemento chave para se compreender os laços sociais de hoje, que se formam a partir da necessidade de se buscar no outro algum refúgio para o sentimento de desproteção. O sujeito "se protege desta maneira triste de um suposto malefício maior produzido pela modernidade, qual seja, o desamparo" (Birman, 1999b, p. 14).

Isso poderia remeter à afirmação de La Boétie de que aquele que serve recebe os favores do rei, mas da liberdade, "que gosto ela tem, como ela é doce, nada sabe" (1562/1993, p. 100). O povo abre mão do bem maior, a liberdade, para com isso angariar bens de diversos tipos, oferecendo a servidão como moeda de troca de usufrutos, benesses, prestígio: "eles querem servir para conseguir bens, como se eles não pudessem ganhar nada que fosse deles, pois não podem dizer de si que pertencem a si mesmos". Optam pelo vírus da servidão ao entregar a própria vida e ao oferecer o próprio corpo para a tirania do outro:

> Mas que infelicidade é essa? Que vício ou, muito mais, que vício infeliz, ver um número infinito de pessoas, não para obedecer mas para servir, não para ser governado mas para ser tiranizado, não tendo nem bens, nem parentes, mulher ou filhos, nem uma vida que seja deles, ser roubado e sofrer danos causados não por uma armada em um campo bárbaro, mas por uma pessoa só (La Boétie, 1562/1993, p. 81).

Desse modo, o sujeito se oferece para ser tiranizado pelo outro, que passa a se sentir uma espécie de semideus às custas da pele e do sangue alheios: "vós vos fragilizeis a fim de torná-lo mais forte e inflexível e manter as vossas rédeas mais curtas" (La Boétie, 1562/1993, p. 8).

O que torna isso tudo mais assombroso ainda é o fato de a submissão não ser o efeito da covardia, do medo de enfrentar o tirano, mas antes, salienta La Boétie, ser um estado que se realiza pelo próprio empenho do sujeito em estar nesta posição, caracterizando uma "servidão voluntária": "É inacreditável que o povo, desde que se assujeitou, cai imediatamente no esquecimento da liberdade, servindo com tanta vontade que se diria que eles não perderam a liberdade, mas que ganharam a servidão!" (La Boétie, 1562/1993, pp. 95-96).

No masoquismo, o sujeito não é uma vítima da situação, apesar de, muitas vezes, querer fazer crer que o é. Há um ganho de gozo nesta posição, pois se cria através dela a ilusão da proteção advinda da figura de um tirano todo-poderoso. A ilusão está no fato de que este a quem se submete é tão frágil quanto qualquer um. "Este por quem você se deixa dominar tem apenas dois olhos, duas mãos, um corpo, nada a mais do que o mais ínfimo dos homens destas cidades, a não ser a vantagem que você lhe dá para lhe destruir" (La Boétie, 1562/1993, p. 87).

Portanto, o desamparo e o seu possível desdobramento na posição de servidão são o cerne da experiência masoquista, através da qual o sujeito, por não permitir a dimensão de risco inerente ao estado de desamparo, opta por essa maneira triste de viver:

> Isto é viver de uma forma alegre? Há algo no mundo mais insuportável? [...] qual condição é mais miserável que a de viver de forma a nada ter para si que não seja dando a outro seu bem-estar interior, sua liberdade, seu corpo e sua vida? (La Boétie, 1562/1993, p. 121)

A parábola hegeliana do senhor e do servo

Podemos nos perguntar se a dialética hegeliana do senhor e do servo poderia ilustrar o masoquismo como um fenômeno de servidão cuja função é a proteção contra o desamparo.

A figura da dominação e da servidão na teoria hegeliana é descrita no capítulo IV da *Fenomenologia do espírito* (1941). Segundo a leitura de Kojève (1947/1982), este capítulo descreve a passagem da consciência animal para a autoconsciência, diferenciando-se esta das modalidades anteriores de consciência.

Faremos uma exposição das principais ideias contidas na *seção A* deste capítulo, intitulada "Autonomia e dependência da autoconsciência: dominação e servidão", a partir da tradução comentada de Kojève (1947/1982) no livro *A dialética do senhor e do servo*.

A questão do sujeito aparece com a transformação da consciência em autoconsciência, a *Selbstbewusstsein*, na qual justamente surge o *Selbst*, o si mesmo, relacionado a *Bewusstsein*, a consciência. A figura da autoconsciência expressa o momento em que o homem pela primeira vez diz "eu". A certeza sensível, a percepção e o entendimento, figuras anteriores da consciência, constituem a *Bewusstsein* e são modalidades nas quais o homem é absorvido pelo objeto que contempla. A contemplação vai revelar o objeto e não o sujeito, por isso estas três primeiras figuras voltam-se para a realidade exterior.

Somente na quarta figura, a autoconsciência, o sujeito distancia-se da realidade objetiva e se volta numa atitude reflexiva para si mesmo, o que o permite dizer "eu". No entanto, ao fazer este movimento em direção a si mesma, a autoconsciência se dá conta de que, para se conhecer, precisa de um parâmetro de comparação, que só pode ser feito a partir de uma outra autoconsciência.

Deste modo, a primeira ação humana, para Hegel, toma a forma de uma luta entre duas autoconsciências que desejam o reconhecimento. Trata-se de uma luta pelo prestígio, luta de vida ou morte cujo objetivo é obter o reconhecimento do outro. Mas, neste confronto, o adversário não pode morrer. Se um dos combatentes morre, o sobrevivente fica impossibilitado de realizar o desejo de ser reconhecido. A vitória da luta não é matar o adversário, mas sim submetê-lo ao reconhecimento do vencedor. Isto implica em que os dois comportamentos humanos constituam-se como desiguais. Não deve haver uma simetria entre eles, mas uma dissimetria: pelo *medo de morrer e de arriscar a própria vida*, um cede ao outro, salvando a própria vida e abrindo mão da satisfação do desejo de reconhecimento, passando a reconhecer o outro sem ser reconhecido por ele: torna-se seu servo. Esta consciência não existe puramente para si, mas também para a consciência do vencedor, sendo então uma consciência dependente.

Enquanto o desejo animal busca conservar a sua vida animal, o desejo humano deve arriscar a própria vida para dirigir-se a outro desejo. Nesse sentido, pode-se dizer que o outro arrisca a vida e supera este desejo de conservação em prol de seu desejo humano. Para ele, é vencer ou morrer. É uma consciência autônoma, autoconsciência pura que se fundamenta no ser-para-si. Este é o senhor.

O que está portanto em questão na descrição do fenômeno da autoconsciência é o tema do reconhecimento: o desejo humano é por excelência desejo de reconhecimento. Para constituir-se como desejo humano a autoconsciência deve enfrentar a luta pelo prestígio.

O homem tem uma certeza subjetiva de seu valor para si mesmo, mas para esta certeza tornar-se uma verdade ele precisa impô-la a outros. O que importa é o reconhecimento deste valor pelo outro. O reconhecimento é, assim, a mola propulsora da autoconsciência, a razão de sua existência.

A questão que colocamos na leitura que fazemos da dialética do senhor e do servo não é tanto a da exigência do reconhecimento ou da presença necessária do outro como elementos indispensáveis do processo de subjetivação. Nossa indagação é sobre a condição universal dada à figura da dominação e da servidão na dialética hegeliana do desejo. Cabe perguntar se os elementos do reconhecimento e da presença do outro na construção do desejo humano têm que se dar *necessariamente* sob a forma da figura da dominação e servidão, ou se esta figura não é circunstancial, ocorrendo quando, diante do estado de fragilidade inerente ao medo da morte, um sujeito se entrega masoquistamente a um outro para que este o proteja.

A culpabilidade em Freud

Após analisarmos duas descrições do fenômeno da servidão, primeiramente focalizando-a como algo assombroso, como vimos em La Boétie, e, depois, expondo a construção de uma consciência servil, vejamos agora a questão da culpabilidade em Freud.

Com efeito, em relação aos masoquismos feminino e moral, Freud observa que o elo entre eles é o mecanismo da culpa. Esse mecanismo psíquico associa-se diretamente à servidão, pois a posição de subserviência é alimentada permanentemente pela culpa e pelo ressentimento, os dois afetos que nutrem a relação masoquista.

Em "Mal-estar na civilização" (1930), Freud mostra como o preço que pagamos pela civilização é a perda da felicidade devido à intensificação do sentimento de culpa. Nos capítulos VII e VIII desse ensaio, Freud se pergunta sobre a origem da consciência moral e do sentimento de culpa. Partindo da noção de pulsão de morte, desenvolve a ideia de que o sentimento de culpa deve-se a uma dupla conjunção de fatores: a internalização da agressividade e o medo da perda do amor da autoridade. A noção de pulsão de morte revela que há uma destrutividade inerente à vida humana, pois uma parte desta pulsão é desviada para o mundo externo sob a forma de agressividade e destrutividade. Assim, neste texto, o ódio aparece como um sentimento básico entre os seres humanos. Longe de se relacionarem sob a égide do amor, os homens estão sempre prontos a digladiar: "Homo homini lupus", o homem é o lobo do homem.

Esta questão constitui-se como o mais espinhoso dos problemas colocados para a civilização – como lidar com a inclinação dos seres humanos para a destruição mútua. O mecanismo da interiorização é o meio que a civilização encontra para inibir sua agressividade. A violência que outrora dirigia aos objetos do mundo externo é reenviada para o eu do sujeito. Neste movimento de interiorização, surge a figura do superego, o representante, no interior do indivíduo, do combate à agressividade promovido pela civilização: "uma espécie de guarda montada para defender a cidade conquistada" (Freud, 1930, p. 120).

A culpa resulta desta tensão entre as exigências do superego e os anseios do eu. O eu reage com sentimento de culpa quando se percebe aquém das exigências do superego. A tensão do superego demonstra-se particularmente perturbadora na neurose obsessiva, em que o afeto da agressividade, deixado de fora durante a configuração da ideia obsessiva, reaparece em outro lugar, no superego. Enquanto o eu ignora a agressividade internalizada, o superego sabe da moção agressiva e humilha o eu: "O ego, que, por um lado, sabe ser inocente, é obrigado, por outro lado, a ficar cônscio de um sentimento de culpa e a arcar com uma responsabilidade pela qual não pode responder" (Freud, 1926, p. 112).

Portanto, o sentimento de culpa do eu decorre da agressividade internalizada sob a forma da severidade do superego. Por isso mesmo, o sentimento de culpa aparece como uma necessidade de autopunição, sendo o superego o agente da consciência moral que castiga o eu.

A autoridade é internalizada pelo estabelecimento do superego. Só aqui podemos falar de sentimento de culpa propriamente, no qual não se distingue o ato infrator da intenção de cometer este ato. Mesmo que a pessoa não faça algo errado, mas apenas deseje fazer, ela já sente a necessidade de punição, pois os desejos internos não podem ser escondidos do superego. Aos olhos da consciência moral, apenas a intenção já gera culpa.

Por isso, o fato de uma pessoa agir sempre de acordo com a sua consciência moral não a deixa em paz consigo mesma, como seria a princípio de se esperar. Isso só aconteceria se a consciência moral fosse a primeira responsável pela função organizadora da cultura. No entanto, a pulsão é anterior à consciência moral. Então, o sujeito efetua a renúncia pulsional, mas permanece sofrendo, pois o fato de ter sido obrigado a renunciar à pulsão o deixa insatisfeito.

No masoquismo, devido à alta carga de culpabilidade que aí está em jogo, o sujeito entra num circuito autodestruidor que pode, inclusive, levá-lo a cometer atos pecaminosos justamente para ser punido e assim poder expiar a sua culpa. Freud levanta esta questão também no texto "O ego e o id" (1923), mostrando como muitas vezes o criminoso comete seu crime para justificar um forte sentimento de culpa do qual já era portador antes do crime, e assim este é engendrado até para promover o castigo para tal culpa.

De modo que, na engrenagem da culpabilidade, os sujeitos se autodestroem ao ocuparem uma posição masoquista, deslocando o poder parental para o próprio destino, este "grande poder parental". O sujeito agora está entregue aos castigos do próprio destino, atribuindo suas desgraças a uma grande "má-sorte":

> Para provocar o castigo por parte desta última sub-rogação dos progenitores (o destino), o masoquista se vê obrigado a fazer coisas inapropriadas, a trabalhar contra seu próprio benefício, a destruir as perspectivas que se abrem no mundo real e, eventualmente, aniquilar sua própria existência real (Freud, 1924, p. 175).

Assim, podemos ver o quão longe o sofrimento da culpabilidade pode levar um sujeito, a ponto até de desejar acabar com a própria vida. A dor da má-consciência, da culpa e do remorso produz uma vida infeliz, uma vida que não vale a pena ser vivida. Este sofrimento estanca a vida, configurando sujeitos empobrecidos e esvaziados eroticamente.

Este é o modo negativizante da dor, a dor que estanca a mobilidade pulsional, que não passa e não deixa a vida passar, a dor que usa as misérias da vida como justificativa para um não desejo de viver.

O masoquismo moral

Proponho, agora, fazer uma distinção entre as três modalidades de masoquismo em Freud, começando pelo masoquismo moral.

O masoquismo moral é definido como um sentimento inconsciente de culpa que se traduz por uma necessidade de receber um castigo ou uma punição. Apesar de parecer mais distante da sexualidade do que os outros masoquismos, a sexualidade também aí está totalmente presente, já que a culpa inconsciente é da ordem do sexual. Este aparente distanciamento se dá pelo fato de não ser necessário aqui que a punição venha diretamente de uma pessoa amada – caso do masoquismo feminino –, podendo provir de fontes mais impessoais. É possível que o sofrimento, neste contexto, pareça fruto das forças malignas do acaso e do destino, sem que o sujeito perceba que a fonte da dor não é o mundo exterior, encontra-se nele próprio: "o verdadeiro masoquista sempre oferece a face onde quer que tenha oportunidade de receber uma bofetada" (Freud, 1924, p. 171).

A necessidade de punição está associada à figura internalizada do superego, que conserva as características de comandos e castigos da figura paterna após a dissolução do complexo de Édipo. Mas essas figuras que foram introjetadas, continuando a exercer uma ação punitiva pelo superego depois que deixaram de ser objetos das moções libidinosas do id, pertencem também ao mundo externo e passam a ter então os seus representantes na realidade. Estes representantes podem estar, numa linha de substituições e deslocamentos, mais próximos ou mais distantes das figuras parentais. Assim é que um poder impessoal pode ser, na verdade, um substituto, mesmo longínquo, do poder paterno: "a figura última desta série que começa com os progenitores é o obscuro poder do destino" (Freud, 1924, p. 173). Por isso, um sofrimento que parece à primeira vista um acidente do destino pode ser, na verdade, fruto da necessidade de punição, surgindo como uma espécie de castigo que remete às primeiras figuras constituintes da consciência moral.

> Para provocar o castigo por parte deste último representante dos pais (o destino), o masoquista se vê obrigado a fazer coisas inapropriadas, a trabalhar contra seu próprio benefício, destruir as perspectivas que se abrem para ele no mundo real (Freud, 1924, p. 175).

Isso é o que há de mais surpreendente no masoquismo: por que uma pessoa age contra seu próprio benefício? Por que há pessoas que fecham as portas para um caminho de realização quando estas se abrem para elas?

Na clínica, a necessidade de punição aparece na relação transferencial através da *reação terapêutica negativa* – uma força destrutiva que vai contra o progresso da análise e a melhora do paciente. É como se, para estas pessoas, o restabelecimento consistisse em um perigo, e a necessidade de ficar doente se sobrepõe ao desejo de restabelecimento:

> Quando se lhes fala esperançosamente ou se expressa satisfação pelo progresso do tratamento, elas mostram sinais de descontentamento e seu estado se torna pior. Reagem inversamente ao progresso do tratamento: ficam piores ao invés de ficarem melhores (Freud, 1923, p. 50).

Nesta perspectiva, o que leva os sujeitos a quererem permanecer no sofrimento é o sentimento de culpa inconsciente. O masoquismo moral está associado à culpa, na medida em que é visto como uma espécie de punição que alivia o sujeito da culpa, ficando esta relativamente apaziguada, já que o sofrimento adquire o valor de um castigo.

Segundo Freud, a *reação terapêutica negativa* constitui-se no mais forte obstáculo ao progresso do tratamento. A piora satisfaz o sentimento de culpa inconsciente, representando a força de tal impulso uma das maiores resistências ao tratamento e o grande percalço a ser enfrentado para que este seja bem-sucedido:

> A satisfação desse sentimento inconsciente de culpa é talvez o mais poderoso bastião do indivíduo no lucro (geralmente composto) que aufere da doença – na soma de forças que lutam contra o restabelecimento e se recusam a ceder seu estado de enfermidade. O sofrimento produzido pela neurose é justamente o que a torna valiosa para a tendência masoquista (Freud, 1924, pp. 171-172).

O sofrimento neurótico, desta forma, é interessante aos olhos do masoquista, pois lhe traz ganhos secundários. É notável como, muitas vezes, a neurose desaparece quando o sujeito sofre alguma desgraça em sua vida, podendo aquela forma de sofrimento ser substituída por outra, pois o que interessa a este sujeito é que haja um sofrimento, não importando muito qual.

Em "O ego e o id" (1923), vemos que o operador dessa configuração pulsional é um fator moral e, quando se diz moral na perspectiva freudiana, podemos ler culpa. Mas se trata de uma culpa absolutamente muda para o paciente, que não tem consciência do quanto se encontra culpado. O paciente sente-se doente, não culpado.

O que está em cena no masoquismo moral é uma presença maciça da pulsão de morte, na qual impera a ação de forças destrutivas que, ao invés de se dirigirem para fora, voltam-se contra o próprio eu. O masoquismo moral distingue-se de uma consciência moral particularmente severa que ficou inconsciente, pois, nesta, é o sadismo do superego que se volta contra o ego. No masoquismo moral, é o próprio masoquismo do ego que busca punição, seja do superego, seja de um poder paterno externo.

O fator moral revela o quanto o sujeito em questão está colado ao outro, já que a moral diz respeito às regras e aos deveres da vida em comunidade. A ponto de o masoquismo moral ter sido por vezes pensado como um "masoquismo social". Mais do que simplesmente dependente do outro, pois isso todos nós somos, o masoquista encontra-se *à mercê do outro*, estabelecendo com ele uma forma de aliança pela qual se oferece como objeto de seu gozo (do outro e de si mesmo, bem entendido).

Segundo Serge André, no livro *A impostura perversa* (1995), o masoquista abdica da sua posição de sujeito e torna-se objeto para garantir, através deste objeto, a presença de um Outro total, um Outro não castrado, pois o Outro do masoquista tem que ser completo, não podendo aparecer nele qualquer incompletude. O masoquismo consiste em um autossacrifício em prol da vontade do Outro. Há, assim, uma submissão extrema a este Outro, uma consagração à sua completude. E, para isso, o masoquista tem que ceder seu lugar de sujeito, transformando-se no objeto do gozo do outro, "a quem ele passa a responder como um cão que obedece a ordens" (André, 1995, p. 241).

O que o masoquista quer é que o outro esteja sempre satisfeito, sendo ele o responsável por toda essa satisfação. Por isso entrega seu próprio corpo para o outro dele gozar, realizando a tarefa de manter o outro preso a ele: "o masoquismo mostra quão interessado está o sujeito no outro" (Gerez-Ambertín, 1990, p. 191). Se, na lógica masoquista, o outro depende dele para gozar, decerto o outro nunca o abandonará. Ser abandonado é o grande temor do masoquista, preferindo este então a submissão servil à solidão e ao horror do desamparo. Veremos mais adiante como a posição da servidão é a atualização do masoquismo feminino, no qual esta posição é vivida na sua radicalidade. No entanto, a submissão ao outro está também presente no masoquismo moral. Na medida em que o sujeito, no contexto deste último, está totalmente ligado aos deveres e às regras da comunidade, ele também vive em função do outro, um outro mais impessoal, encarnado pelo social, pela cultura, pelo que Lacan denominou de o Grande Outro. Como o masoquismo moral e o feminino inserem-se ambos no domínio fálico, nem sempre é fácil distingui-los. Mas, como vimos, o masoquismo feminino é característico da perversão, pois o sujeito, neste registro, prende-se ao outro de forma extrema, fazendo do desejo de ser escravizado a meta de sua vida.

O masoquismo feminino

Tanto o masoquismo moral como o feminino resultam da demanda de proteção contra o desamparo e têm presentes os mecanismos da servidão e da culpa. No masoquismo moral, o pacto estabelecido com o outro não é tão patente quanto no masoquismo feminino. O masoquismo moral é mais comum nas neuroses e na melancolia, enquanto o masoquismo feminino é mais característico das perversões.

A obra de Sacher-Masoch nos ajuda a fundamentar nossa compreensão do masoquismo feminino. Os atos perversos do autor podem ser circunscritos ao registro do masoquismo feminino não só porque se observa nele a necessidade de se associar diretamente com a pessoa amada, mas também pela presença maciça nos seus romances e relatos biográficos de cenas de maus-tratos, sofrimentos físicos e humilhações, descritas por Freud em "Problema econômico do masoquismo" (1924) como típicas do masoquismo feminino. Trata-se do masoquismo perverso, no qual a necessidade do contrato revela a dimensão de *pacto* existente entre os agentes da relação, determinando o caráter ritualístico, rígido e predeterminado do jogo amoroso.

É fundamental, nesta configuração masoquista, a *teatralidade*. Esta reforça as construções dos objetos-fetiche – são fundamentais aqui as vestimentas, os ambientes, os instrumentos – que fazem do masoquismo feminino uma verdadeira *maquinaria do gozo*, através da qual se atualiza a fantasia de ser espancado. A teatralidade masoquista tem a finalidade de romper os limites da representação, oferecendo a possibilidade de se experimentar, na realidade, o que até então era da ordem da fantasia. O exemplo dos jogos eróticos de Sacher-Masoch testemunha esse fenômeno, pois consistiam em encenações extremamente caricatas.

Sobre isso, Noyes (1997) assinala que, no masoquismo, o que mais se destaca é a sua maquinaria, toda a parafernália usada para romper os limites entre a realidade e a representação. Para este autor, o masoquismo usa estereótipos da violência e das tecnologias de controle no intuito de transformá-los em tecnologias de prazer. Por isso, o masoquismo encaixa-se perfeitamente na sociedade de controle, não sendo por acaso que ganhou estatuto de patologia e se tornou um código popular no imaginário da sexualidade justamente a partir da segunda metade do século XIX, caracterizado por uma verdadeira obsessão pela disciplina e pelo controle, assim como pela "interface de corpos e máquinas" (Noyes, 1997, p. 6).

A perversão masoquista revela, com seus instrumentos de violência e de prazer, a própria violência histórico-social de querer fazer do ser humano uma máquina para a produtividade industrial. "A invenção do termo masoquismo articula uma profunda preocupação do fim do século acerca da sexualidade e da violência, e o que significava ser humano numa era de um veloz desenvolvimento tecnológico" (Noyes, 1997, p. 7). Ao usar as tecnologias de controle para transformá-las em tecnologias de prazer, em "techne erotike", o masoquismo transgride as regras e desconstrói a violência da tecnologia de controle, fazendo dela uma paródia, transformando os mesmos cenários utilizados para disciplinar em cenários de prazer, desfazendo a força do poder destas tecnologias. Todavia, tais peculiaridades do masoquismo vêm reiterar estas mesmas tecnologias, pois seus cenários não têm nada de inventivos. São monótonos e repetitivos, copiando as cenas de violência do imaginário social do controle, buscando "ideias", por exemplo, na própria literatura sobre o masoquismo ou em livros históricos sobre a Inquisição.

As definições de Theodor Reik (1941) sobre o masoquismo também são importantes, pois oferecem elementos para vermos o funcionamento de sua "maquinaria". Reik destacou quatro características fundamentais do masoquismo: a ênfase na fantasia – a cena sonhada, dramatizada, ritualizada; o fator suspensivo; o traço persuasivo (veremos adiante como para o masoquista é fundamental ter que persuadir o seu carrasco a maltratá-lo); e o fator provocador, através do qual o masoquista demanda a punição para as suas provocações agressivas.

No livro *Présentation de Sacher-Masoch* (1967), Deleuze propõe que se analise o masoquismo a partir do estilo formal da obra de Sacher-Masoch e não pela perspectiva de uma definição puramente material (o complexo prazer-dor) ou de uma definição moral (como culpabilidade e expiação). Vejamos, então, cada elemento formal proposto por Deleuze: a *teatralidade*, a *suspensão*, o *suprassensualismo*, o *idealismo*, o tempo da *espera* e o *contrato*.

Deleuze comenta o estilo romanesco de Sacher-Masoch. Sua literatura, longe de ter sido considerada maldita, fez bastante sucesso na época, sendo seu estilo marcado pelo suspense dramático. Há um forte componente descritivo em Sacher-Masoch, mas seus romances criam uma certa atmosfera de suspense na qual a obscenidade é negada e deslocada para um território difuso onde se destacam somente os gestos e os sofrimentos em estado de suspensão. Assim, a *suspensão* é uma marca do estilo masoquista, favorecendo a produção de mais dor na medida em que é geradora de um aumento da quantidade de excitação: colocar uma cena sexual em estado de suspense é não permitir que haja o prazer imediato e rápido da descarga.

Associados à suspensão estão os traços do *suprassensualismo* e do *idealismo*. Suas mulheres eram por ele procuradas avidamente e amadas como musas ideais, mulheres frias, congeladas, de corpo de mármore, desprovidas de sensualidade, reforçando o traço de uma sentimentalidade suprassensual, além da sensualidade física, ultrapassando os limites da sensibilidade, das funções da visão, do olfato, do tato, da dor ou da cinestesia. O que importa não é a excitação do corpo, mas o efeito que esta adquire na conjuntura que regula o jogo entre a vítima e o carrasco.

Podemos aproximar o *suprassensualismo* ao êxtase do sacrifício, ao martírio oferecido aos deuses como prova de um amor ao mesmo tempo idealizado e incondicional. Segundo Smirnoff, a erotologia masoquista implica também o sacrifício, apresentado nos escritos sobre o martírio como associado à dimensão do êxtase. A direção dada pelo autor é a de que o sacrifício deve ser acrescentado aos conceitos de dor e prazer, pois no martírio há o "o transe místico, o torturado e lânguido corpo exposto aos golpes, as deliciosas agonias, a expressão orgástica do corpo e da face" (Smirnoff, 1991, p. 45). O suprassensualismo também promove o fator da suspensão acima referido, pois o êxtase do sacrifício implica a suspensão da materialidade do corpo para que este seja elevado a um estado mais "espiritual". Talvez por isso o masoquista consiga suportar tanto a dor das sevícias, justamente por não estar ligado ao sensório, mas ao mundo ideativo, concentrado na oferta de seu corpo ao outro, aos "deuses".

O *idealismo* de Sacher-Masoch, que buscava "fugir desse mundo nos próprios sonhos", associa-se diretamente ao suprassensualismo, pois a fantasia, o caráter ideativo, é supervalorizado em detrimento do aspecto sensual: a ideia como elemento transcendental ao corpo.

Impera, neste contexto, uma condição de frieza entre os sujeitos, em que os ambientes e os objetos, pela sua função fetichista, são mais importantes do que a sensualidade do corpo. Uma mulher de pedra é o cenário favorito de Sacher-Masoch, sendo este o quadro que inicia o romance *A Vênus das peles* (1870), em que o herói, sob a luz cinza do luar, se apaixona pela estátua de um jardim. Vale notar que o estilo dos romances é também o estilo do masoquismo propriamente dito. Todo o cenário romanesco de idealismo, de suspense e de sugestão configura também o universo onde o masoquismo é atuado na realidade.

Um outro elemento formal que se destaca no masoquismo é a *espera*. Além dos traços da humilhação, do castigo, da expiação e da culpabilidade, a espera é a forma de aproximação do objeto:

> O masoquista espera o prazer como algo que se encontra essencialmente atrasado, e conta com a dor como uma condição que torna possível enfim (física e moralmente) a chegada do prazer. Ele retarda então o prazer todo o tempo necessário para que uma dor, ela mesma esperada, o torne possível. A angústia masoquista tem aqui a dupla determinação de esperar infinitamente pelo prazer, mas contando intensamente com a dor (Deleuze, 1967, p. 63).

A lentidão da espera é o tempo da potência da suspensão e do congelamento característico do idealismo. Se pensarmos em termos de economia pulsional, a espera é um mecanismo que promove um aumento de tensão, permitindo que a excitação se prolongue e não seja logo descarregada. A tensão sexual não permite que se chegue ao orgasmo, gerando mais dor, podendo o masoquista extrair seu prazer não da diminuição dos estímulos, mas deste aumentar intenso e progressivo da dor e da tensão.

O fetiche encontra-se circunscrito ao contexto da espera, pois sua construção tem como condição o ritmo da lentidão. O fetiche mede a força interior do fantasma masoquista, reforçando neste os elementos do suspense e do congelamento, de forma que o ideal e o real sejam absorvidos em conjunto, aparecendo, na construção do objeto-fetiche, o tom teatral e idealizante que o envolve.

Vale notar aqui o contraste entre os estilos de Sacher-Masoch e de Sade. O tempo que caracteriza o sadismo é o da aceleração, bem diferente do mecanismo masoquista da espera. A rapidez do gozo sadiano, as orgias em curto espaço de tempo, os atos que requerem grande velocidade servem para anular qualquer angústia que poderia ser gerada pela espera ou pelo atraso. O que vale aqui é um gozo acelerado que não permita qualquer perda de prazer.

Aos elementos do masoquismo que já mencionamos podemos acrescentar um outro, absolutamente fundamental na relação: o *contrato*. Neste tipo de jogo, o *script* é predeterminado por um contrato inicial. Mesmo quando não há um contrato formalmente explicitado *à la* Sacher-Masoch, há um contrato tácito que revela a dimensão de *pacto* sempre presente. Não existe aí qualquer liberdade de se criar um jogo erótico a dois, mas, ao contrário, há um jogo amoroso totalmente aprisionante e asfixiante, com lugares previamente estabelecidos e imutáveis para ambos os parceiros, onde o improviso e a inventividade não têm lugar.

O contrato aparece tanto nas aventuras reais da vida de Sacher-Masoch como nos seus romances, em que descreve, sob a forma de cláusulas, o modelo ideal e as condições necessárias para a relação amorosa. O contrato serve para garantir que o jogo da crueldade masoquista seja levado a sério, submetendo totalmente a vítima ao seu carrasco. Não serve só para assegurar o consentimento da vítima, mas principalmente para reforçar a autoridade do carrasco. Em *A Vênus das peles*, observamos bem como o contrato garante os plenos poderes de Séverin sobre Wanda, servindo, assim, como um poder de persuasão da vítima sobre o seu carrasco, para que aquela mostre a este que não está apenas brincando, convencendo-o a entrar de verdade em um jogo no qual há a intenção deliberada de escravidão por parte da vítima.

Desta forma, não há masoquismo sem contrato, o que revela que o masoquista não é um sujeito passivo; ele é ativo ao fazer um pacto com o seu carrasco. A título de ilustração, vejamos um exemplo de contrato no romance *A Vênus das peles*:

> Contrato entre Senhora Wanda Von Dunajew e Sr. Séverin Von Kusiemski
>
> O Sr. Séverin Von Kusiemski cessa a partir desta data de ser o noivo da senhora Wanda Von Dunajew e renuncia a todos os seus direitos de amante; em troca, ele se engaja,

> sob a sua palavra de homem e de cavalheiro a ser, de agora em diante, o escravo desta dama, e isto até o momento em que ela própria lhe conceda de volta a liberdade.
>
> Como escravo da Senhora Von Dunajew, ele usará o nome de Grégoire, devendo satisfazer todos os desejos da sua ama, obedecendo cada uma das suas ordens, submetendo-se a sua senhoria e considerando cada signo de favor que porventura receba como uma graça extraordinária. A Senhora Von Dunajew pode não apenas castigar o seu escravo pela menor negligência ou falta segundo seu bel-prazer, mas tem também o direito de maltratá-lo como lhe agradar, segundo seu humor ou mesmo somente para se distrair, podendo inclusive matá-lo se assim o quiser. Ele se torna, em suma, sua inteira propriedade [...] Em troca, a Senhora Von Dunajew promete enquanto sua ama a vestir-se tão frequentemente quanto possível de peles, particularmente quando for cruel com seu escravo (Sacher-Masoch *apud* Deleuze, 1967, p. 195).

Se o contrato é peça fundamental do jogo masoquista, o mesmo não ocorre com o sadismo, no qual um contrato não tem qualquer valor. Ao contrário, o libertino sádico quer destruir qualquer possibilidade de pacto contratual, sendo o seu modelo as puras instituições sem leis, com uma possibilidade de ação totalmente livre e anárquica, em "permanente revolução, em estado de imoralidade constante" (Deleuze, 1967, p. 69). Por sua vez, o contrato, no masoquismo, é fundamental, na medida em que garante a existência de um pacto de vida e de morte entre os dois agentes da relação. A relação masoquista consiste, à primeira vista, em um escravo entregar a sua vida a um senhor. Mas esta relação é bem mais complexa do que isso, pois não só o escravo se insere neste jogo de forma ativa e deliberada como é ele quem dá as regras do jogo. Toda a maquinaria masoquista é montada para o deleite da vítima, sendo a aparência de submissão e de passividade desta última, no fundo, uma provocação. Por detrás da impotência, esconde-se seu orgulho e seu desprezo pelo outro – trata-se de "uma provocação pela qual o masoquista se manifesta em toda a glória de sua falsa dialética, de sua demanda falaciosa, de sua escravidão fictícia" (Smirnoff, 1968, p. 81).

Michel de M'Uzan (1991) descreve um caso de masoquismo perverso, em que o horror e a intensidade das crueldades faz com que achemos as perversidades de Sacher-Masoch meras cenas histéricas. Um paciente relata que, durante anos, ele e sua mulher, também masoquista, sofreram terríveis torturas – caracterizadas por verdadeiros massacres nos seus corpos – por parte de dois sádicos. A mulher já havia morrido, não tendo seu corpo sobrevivido aos massacres que sofreu.

Porém o mais marcante neste paciente, segundo M'Uzan, era que, por trás do desejo de ser humilhado, entrevia-se um imenso desprezo pelo parceiro sádico. O aniquilamento da vontade era uma máscara para esconder seu ódio atroz pelo outro e uma onipotência ilimitada. Segundo o ponto de vista do paciente, as torturas inacreditáveis por ele narradas faziam dele um forte, "era quase o único, não se havia ouvido falar de um mais forte do que ele" (M'Uzan, 1991, p. 22). A posição masoquista era, assim, a forma que encontrou para expressar tudo que nele jazia de orgulho, desprezo, desafio, provocação, sentimento de superioridade. Por este ponto de vista, trata-se aqui, para o sujeito, do "triunfo do orgulho" (M'Uzan, 1991, p. 32).

Este paciente nem sabia os nomes dos parceiros. A identidade do outro é irrelevante: a outra pessoa é um mero instrumento que serve para fazer o sujeito gozar, não alguém com quem ele se relaciona. O próximo tem uma função apenas operacional, sendo negado como sujeito suscetível de desejo: "O próximo é antes de tudo o acompanhante sádico, isto é, um personagem consagrado ao desprezo, que perde seu pleno valor de objeto para reduzir-se a uma função instrumental, positivamente fecalizada" (M'Uzan, 1991, p. 23).

Deste modo, toda a *mise en scène* do masoquista serve para reforçar a sua posição de controle, lembrando que o carrasco é seu mero empregado: "Sua posição é o resultado de seu próprio poder – o poder de outorgar a um carrasco a obrigação de fingir um papel de mestre, mesmo sendo apenas um escravo, uma criação do desejo do masoquista" (Smirnoff, 1991, p. 47).

Destaca-se, neste contexto, outro elemento formal do masoquismo: a *persuasão*. A vítima não quer uma presa aquiescente, precisa persuadir seu carrasco a realizar as crueldades que lhe sopra ao ouvido. A hesitação do carrasco é fundamental, pois isso garante que, quando ele entrar no jogo, não extrapolará em nada aquilo que foi estritamente definido pelo masoquista. O contrato é ele mesmo um mecanismo de persuasão do carrasco, mostrando-lhe que se trata de um jogo sério. O carrasco deve ser convencido, pois a vítima já está para lá de decidida: este é o lugar que quer ocupar.

A marca da persuasão mostra que o masoquista é um educador, sendo para ele importante exercer sobre seu carrasco uma função pedagógica, buscando uma pessoa com o propósito de formá-la, de moldá-la para que realize as crueldades. Ele é uma vítima totalmente ativa e ciente dos seus passos. Sacher-Masoch procurava obstinadamente o seu carrasco, colocando pequenos anúncios no jornal; não bastava que a mulher-carrasco entrasse no jogo, pois ela devia ser hesitante e temerosa. A necessidade de um carrasco temeroso mostra que a angústia nesta relação não fica com o perverso, mas com o outro, que tem dúvidas e hesitações. O masoquista só tem certezas e nenhuma angústia. Afinal, todo este jogo é justamente para lhe dar um abrigo contra a angústia. Lacan, em *O Seminário livro 10: a angústia* (1962-1963/2005), afirma que o masoquista consegue neutralizar a própria angústia ao fazer com que ela se deposite no outro: "Dizem que o masoquista visa o gozo do Outro. Mostrei-lhes que o que essa ideia esconde é que, em última instância, ele visa realmente a angústia do Outro" (Lacan, 1962-1963/2005, p. 195).

No livro em que narra, sob pseudônimo, sua relação com Sacher-Masoch, *Meine Lebensbeichte* (1906), Wanda conta como era angustiante para ela cumprir as determinações das fantasias de Sacher-Masoch. Ela se deixava ser a personagem com a qual ele sonhava. O marido a fazia sair na rua vestida de peles, botas, roupas extravagantes que beiravam o ridículo. Quando um amigo perguntou-lhe por que ela se prestava a esse papel, Wanda respondeu que era para agradar ao marido. Sacher-Masoch ameaçava parar de escrever (e portanto parar de ganhar dinheiro) caso ela se recusasse a realizar as suas fantasias. Assim, Wanda encontrava-se com os homens que Sacher-Masoch, desejoso de infligir a si próprio o sofrimento do ciúme, procurava em anúncios em jornal:

> Quando Staudenheim te beijou, eu achei que meu coração ia parar de bater. Foi um momento terrível para mim, uma tortura indescritível. Mas nesta tortura eu encontrei uma voluptuosidade que jamais havia sentido igual. É necessário amar uma mulher até a loucura – como eu te amo – para que a sua infidelidade provoque um martírio tão delicioso como o que sofrerei quando a vir nos braços de outro homem (Sacher-Masoch, W., 1990, p. 30).

Sacher-Masoch queria realizar com a sua mulher a história de *A Vênus das peles*. Segundo Wanda, ele passou um bom tempo obcecado com a ideia de encontrar o "Grego", a fim de viver na vida real a mesma história do romance. Cada homem que se aproximava do casal o levava a pensar se aquele não seria enfim o terceiro tão esperado que encarnaria o amante de sua mulher. Tudo o que Sacher-Masoch almejava era tornar-se de fato o escravo de Wanda, e isto virou para ele uma enorme obsessão.

Por sua parte, Wanda descreve a si mesma como possuidora da personalidade hesitante e receosa que o masoquista exige. No seu livro, ela se apresenta sempre chocada e aviltada com as condutas de Sacher-Masoch, mostrando-se como uma grande inocente, um alvo passivo das loucuras lascivas de seu marido. Esta confissão de inocência levou o livro de Wanda a sofrer muitas críticas, pois que não se acreditava que as cenas de Wanda sendo cruel com o seu marido acontecessem estritamente pelo seu temor de que ele parasse de escrever. Se ela era tão inocente assim, se o papel de mulher cruel a constrangia, por que trocou o seu nome para Wanda, nome da heroína de *A Vênus das peles*? Contudo, o papel da inocente está bem afinado com a condição, descrita anteriormente, de que a parceira do masoquista tema as cenas cruéis.

A necessidade da persuasão indica que não existe complementaridade entre o sadismo e o masoquismo feminino. O masoquista não suportaria um carrasco sádico, o qual não precisaria da persuasão, e também para o sádico o jogo sexual perderia toda a graça se sua vítima não fosse tomada de horror. Portanto, a "mulher-carrasco" só existe no contexto mesmo do cenário masoquista, sendo essencial para a realização deste fantasma. Trata-se não de uma crueldade sádica, mas de uma crueldade que se encaixa entre os elementos que compõem a cena masoquista. Sacher-Masoch não se sentia atraído por mulheres libertinas sádicas e sim por aquelas que se encaixavam nas suas visões idealistas: mulheres receosas e com certa aura de austeridade e decência. Sacher-Masoch dizia para Wanda que era muito melhor poder ter com a própria esposa, que se ama e se admira, o jogo erótico de crueldade que o satisfazia. Um exemplo de que Sacher-Masoch não se interessava por mulheres sádicas é dado pelo livro de Wanda. Havia uma amiga libertina do casal, mas Léopold não gostava dela:

> Para interessar Léopold, as mulheres tinham que excitar a sua imaginação; ele tinha que ser capaz de transmitir para elas tudo o que ele desejasse encontrar. Ele não quereria nada com uma mulher para quem o amor era somente prazer físico, e para quem qualquer "sentimentalismo" era absolutamente desprezível.
>
> O amor, como você o concebe, ele disse para ela um dia (para esta amiga libertina), é para mim abominável. Eu preferiria renunciar a tudo a experimentar o amor sem poesia. Eu não posso entender como uma garota jovem como você pode ser tão fria (Sacher-Masoch, W., 1990, p. 65).

A mulher que o masoquista deseja, aponta Deleuze, é difícil de ser encontrada, pois precisa renunciar a seu próprio masoquismo e tampouco pode ser sádica, pois ao masoquista não interessa uma parceira verdadeiramente sádica. Do mesmo modo, como já dito, a um sádico não agradaria um parceiro masoquista, pois para o sádico exercer sua total crueldade é necessário que a vítima relute, que esteja ali a contragosto. Um sádico repudiaria um masoquista que se entregasse a ele voluntariamente. Portanto, como disse Blanchot (1949, p. 237), parece justo deixar a Sacher-Masoch a paternidade do masoquismo, e a Sade a do sadismo.

Assim, apesar de, à primeira vista, parecerem constituir uma complementaridade evidente, na medida em que um ama sofrer e o outro ama fazer sofrer, estes dois parceiros de fato não se complementam, pois suas condutas são regidas por condições bastante distintas. Para Deleuze, dizer que há uma unidade sadomasoquista é como fazer uma abstração conceitual distante das evidências da matéria viva da experiência.

Se Freud assevera a complementaridade entre o sadismo e o masoquismo, esta afirmação só parece pertinente se pensarmos o sadismo como anterior ao masoquismo, isto é, se pensarmos este último como uma reversão, para o interior do sujeito, do sadismo antes dirigido ao mundo exterior. O masoquismo primordial, portanto, não entraria na lógica de uma síndrome única; somente em relação ao masoquismo secundário faria sentido pensar isto. Deleuze "justifica" a posição de Freud, apesar de dela discordar, ao dizer que em Freud este encontro não seria um encontro exterior entre duas pessoas, mas um encontro interior da pessoa com ela mesma. A questão do sadismo e do masoquismo em Freud não englobaria apenas um traço de caráter, pois abrangeria um modo particular do circuito pulsional.

A respeito do masoquismo feminino, vale salientar que este tem sido associado equivocadamente a uma especificidade da mulher. Em seu estudo, Krafft-Ebing apresenta o masoquismo como uma característica da mulher, fato que só podemos entender como fruto de um preconceito da época do autor, pois, nos 23 casos por ele apresentados, somente um é de uma paciente do sexo feminino. Ainda assim, o autor afirma que a mulher é mais masoquista do que o homem, inclusive vendo neste traço a essência mesma da mulher.

Com efeito, durante um bom tempo buscou-se associar o masoquismo ao ser da mulher, tendência reiterada pelos pós-freudianos, como por exemplo Marie Bonaparte e Helen Deutsch, que vincularam o masoquismo à dor feminina da humilhação decorrente da inveja do pênis.

Apesar de Freud defini-lo como a "expressão da natureza feminina", a prova de que o masoquismo feminino não está acoplado à mulher é o fato de ele iniciar os seus exemplos falando do masoquismo nos homens, por serem os exemplos clínicos de que dispunha. A "natureza feminina" associada por Freud ao masoquismo é mais da ordem de uma posição de gozo do que da ordem do sexo biológico, podendo o masoquismo feminino aparecer tanto no homem como na mulher.

Freud, como dissemos, dá exemplos de fantasias de homens masoquistas que podem ser realizadas como um fim em si mesmas ou como uma prévia para o início do ato sexual propriamente dito. Usualmente, o masoquista manifesta o desejo de ser amordaçado, maltratado, espancado, de ser objeto de xingamentos e humilhações e ser submetido a uma obediência incondicional. Essas fantasias o colocam numa posição feminina que se associa a ser castrado ou a ser possuído sexualmente numa posição de passividade. Ele quer ser tratado como uma criança frágil, mas sobretudo como uma criança travessa que, portanto, merece receber castigos.

O masoquista faz do castigo a condição que torna possível o prazer proibido. A punição é por ele desejada e, extraindo daí um prazer, ele encontra, por esta via paradoxal, uma razão que lhe ordena experimentar o prazer que, a rigor, a lei deveria interditar. A relação deste sujeito com a punição é bastante peculiar: a aplicação da lei tem nele o efeito oposto ao esperado. Se a lei é exercida para punir ou evitar certo comportamento, no masoquista ela tem o efeito de reforçar tal comportamento. Em vez de impedir o prazer proibido, a lei o incita, o provoca e até o assegura. Podemos observar tal fato com frequência entre as crianças, especialmente as menores, nas quais uma repreensão, muitas vezes, em vez de evitar o comportamento indesejado, tem o efeito de estimulá-lo e reforçá-lo. Por sua vez é dessa situação que o masoquista tira proveito, fazendo da punição uma forma de prazer. A punição seria um prazer porque libera o masoquista de sua culpa ancestral, ou haveria algum elemento inerente à própria punição a gerar o prazer?

No texto "Uma criança é espancada" (1919), Freud apresenta as fantasias infantis do ato de apanhar associado a um grande prazer. Trata-se de uma fantasia frequentemente confessada pelos pacientes adultos que, por gerar sentimentos prazerosos, é reproduzida várias vezes. O ato de fantasiar não está ligado necessariamente ao fato de a criança ter recebido castigos corporais objetivos na infância, mas muito mais a uma constituição que parece ser própria ao circuito pulsional do psiquismo infantil. A maioria das crianças parece precisar e querer vivenciar situações em que os personagens com os quais elas se identificam apanham ou recebem castigos. Esta necessidade aparece com frequência na literatura, como no romance *A cabana do Pai Tomás* (1852), ou mesmo na literatura infantil, como nos livros da Condessa de Ségur.

Os relatos dos pacientes de Freud sustentam a ideia de que a criança não apenas obtém prazer em apanhar, como também experimenta uma peculiar emoção de repulsa e prazer ao ver outras crianças apanhando.

A análise destas fantasias está ligada aos impulsos característicos do complexo edípico. A primeira fase é correlativa à fantasia do período do amor incestuoso, podendo ser traduzida da seguinte forma: "Meu pai ama somente a mim e não à outra criança, pois está batendo nela". Depois, com a inevitável decepção deste amor, aparece a segunda fase da fantasia: "Meu pai não me ama mais, por isso está me batendo". A fantasia agora se tornou masoquista, expressando a culpa em que o amor se transformou. Mesmo na terceira fase, quando aparece uma figuração sádica, o que há na verdade é um masoquismo, pois todas as crianças não especificadas que estão apanhando são, afinal de contas, apenas substitutos da própria criança. Desta forma, de um sadismo inicial que imperava no momento do amor incestuoso o declínio e a decepção oriunda deste amor conduzem ao surgimento do masoquismo.

Observa-se, em "Uma criança é espancada", que ainda não há a noção de um masoquismo primordial, o qual só foi elaborado com mais precisão em 1924, em "Problema econômico do masoquismo". Por isso, o masoquismo da fantasia "uma criança apanha" não é uma configuração pulsional primária, consistindo em uma reversão do sadismo para a própria pessoa, através de um retorno pulsional do objeto para o eu. O sentimento de culpa é em parte o responsável por converter o sadismo em masoquismo, mas a moção do amor também age nesta mudança, a partir de um movimento regressivo no qual o amor do período genital desloca-se, no ato de apanhar, para o período sádico-anal. O ato de apanhar aqui não é visto como um castigo pela referência genital proibida, mas como um deslocamento, em sentido regressivo, do próprio amor. Assim, "meu pai me bate" pode ser correlato a "meu pai me ama", como se uma coisa significasse a outra. Segundo Freud, a sinonímia "ser castigado – ser amado" descreve pela primeira vez a essência do masoquismo, esta forma tão estranha de satisfação pulsional.

A relação direta do masoquismo com o poder paterno faz com que os sujeitos que trazem esta fantasia demonstrem uma suscetibilidade e uma irritabilidade particular com as pessoas que são identificadas com o circuito da série paterna. Ficam facilmente ofendidos e magoados com estas pessoas, concretizando muitas vezes na vida real a cena imaginada, tão temida e desejada, de "apanharem do pai", mesmo que contra seu benefício e para seu próprio sofrimento.

Compreendemos, portanto, o masoquismo feminino como a fantasia de um prazer sexual associado à dor, concomitante a colocar-se em posição de humilhação. Vale ressaltar que estas fantasias são, no entanto, bem diferentes de uma posição feminina, isto é, o masoquismo feminino está longe de ser da ordem do feminino (compreendido como o que escapa à regência fálica), estando circunscrito, pelo contrário, à ordem do falicismo.

No artigo "Position masochiste, position feminine" (1993), Colette Soler diferencia o masoquismo feminino da posição feminina, assinalando que Freud não confundiu o para além do falo com a pulsão masoquista. Alguns pontos são fundamentais para distinguir o masoquismo da feminilidade. Se o masoquista se quer como refugo, como dejeto, a mulher, na sua feminilidade, ao contrário, pode se colocar no lugar de objeto, mas no sentido de tornar-se "objeto causa de desejo" (Soler, 1993, p. 89). Se ela usa a sua dor para fazer uma certa ostentação da falta, como na chamada "mascarada masoquista", é muito mais para satisfazer o desejo do homem de que o objeto tenha a significação da castração. Sabemos o quanto é frequente a aquiescência das mulheres à fantasia masculina, demonstrando como é forte nelas a referência ao amor. Uma mulher pode admitir a forma do masoquismo para assegurar o amor do homem, campo onde ela vai assentar o seu ser. Enquanto, no amor, o movimento da mulher é espontâneo, no masoquismo há a imposição de um "gozo sob contrato" (Soler, 1993, p. 89), sem espaço para a improvisação. Os lugares estão previamente fixados e há uma obrigação de gozar. A dimensão do feminino, situada fora da tutela do falicismo, distingue-se, portanto, do masoquismo feminino, estando muito mais próxima, como veremos, do masoquismo erógeno.

O masoquismo erógeno: o elo entre Eros e a pulsão de morte

Um terceiro modo de masoquismo descrito por Freud, o erógeno, indica um sentido para o sofrimento bem distinto do que viemos trabalhando até agora. No masoquismo erógeno, a experiência do desamparo é vivida na sua radicalidade, pois o sujeito neste contexto não se refugia na servidão ao outro, podendo então estabelecer com este uma experiência de erotismo. O masoquismo erógeno consiste em uma experiência da dor atravessada pelo erotismo.

Abrindo mão de oferecer-se servilmente para o gozo alheio, o sujeito pode ligar-se ao outro a partir de uma via desejante, na qual o que está em jogo não é prender o outro a si para não viver o desamparo, mas aceitar a própria fragilidade humana como aquilo que move o erotismo e o desejo. A fragilidade aqui não é algo que precisa ser afastado, pois é vivida como uma força.

Assim, nas teorizações freudianas acerca do trabalho pulsional empreendidas a partir de 1915, vemos que o retorno pulsional para a própria pessoa materializa-se no *masoquismo erógeno*, ligado ao *eu-real originário*, quando o sujeito coincide com o agradável e o mundo exterior é indiferente, isto é, quando o eu ainda não se constituiu no eu-prazer regido pelo princípio do prazer.

A expulsão inicial converte-se em dor a partir do amparo libidinizado de um outro que redireciona a energia de volta para o corpo do sujeito. O circuito pulsional nunca é o do indivíduo separadamente, pois envolve sempre a presença de um outro que ampara o sujeito, não o deixando ficar indefinidamente à mercê da descarga energética.

A presença do outro no circuito pulsional é concomitante ao aparecimento do masoquismo erógeno. Esta presença, por um lado, é apaziguadora, porque não permite que a energia se descarregue indefinidamente, o que no limite levaria o sujeito à morte. Por outro lado, o outro também traz desprazer, na medida em que provoca um aumento de tensão ao redirecionar a excitação para o sujeito. Assim, o outro é fonte de prazer ao libidinizar a energia descarregada, mandando-a de volta para o corpo do sujeito, mas também provoca dor, já que esta excitação é da ordem de um excesso que causa no sujeito um impacto traumático. Logo, a presença do outro é sempre da ordem do excesso, inserindo-se em um circuito onde há prazer mas também dor.

O masoquismo erógeno é, neste sentido, este momento de retorno sobre o eu através do suporte de um outro que dá um destino, uma direção, um signo, um sinal, que marca no corpo pulsional uma impressão. Assim, observamos como a subjetividade do *eu-real originário* se constitui *através da dor*. Neste retorno ao eu, surge a dor, ao mesmo tempo que uma subjetividade originária se forma pela passividade erógena frente ao outro. Observamos, então, que o destino pulsional do retorno sobre a própria pessoa é concomitante à formação de um eu originário, um eu de pura intensidade, não regulado pelo registro da representação característico do eu-prazer. Desta forma, Freud apresenta a figura do masoquismo erógeno primordial, mudando com isso o quadro conceitual anterior que dava ao sadismo um lugar originário. A partir do masoquismo primordial, o sujeito busca uma pessoa que não ele mesmo para novamente realizar a passagem da atividade para a passividade, surgindo o sadismo na figura de um sujeito ativo que causa dor no sujeito agora passivo masoquista. A partir da dor do masoquismo pode ter lugar, então, a meta sádica de infligir dor. Só a partir daí é que podemos falar de um masoquismo secundário.

Assim, o masoquismo primordial não se constitui a partir da introjeção do sadismo, pois provém de um lugar originário não submetido à tutela do princípio do prazer e da representação. Esta modalidade de masoquismo estaria livre das amarras da representação, apresentando-se como uma figura de intensidade na obra de Freud, uma vez que remete à região do além do princípio do prazer. Os masoquismos moral e feminino associam-se diretamente ao registro da representação, pois são regidos pelo princípio do prazer. Estão circunscritos ao domínio fálico, seja através da culpa do masoquismo moral ou do fantasma perverso que dá sedimento ao masoquismo feminino.

A figura do masoquismo erógeno consiste em um momento inaugural – de pura intensidade – do sujeito, sendo no retorno pulsional sobre o eu que surge a dor concomitante ao aparecimento de um eu originário. A dor representa, então, a marca primeira de um sujeito. O momento originário do eu é, pois, uma *experiência de dor*, na medida em que no retorno sobre o eu a pulsão imprime uma marca de intensidade no corpo do sujeito. Esta compreensão faz do masoquismo erógeno, repetimos, um lugar de intensidade no pensamento freudiano.

Com a conceituação da pulsão de morte, descrita pela primeira vez em "Além do princípio do prazer" (1920), Freud pôde oferecer os referenciais teóricos para a elaboração do masoquismo erógeno.

Se não há uma pulsão em estado puro, mas apenas a mistura dos dois modos de pulsão em proporções variáveis, o masoquismo erógeno é o resíduo da liga de *Eros* com a pulsão de morte.

No ser vivo, a libido enfrenta a pulsão de morte. Esta desagrega o ser vivo, levando cada organismo elementar a uma estabilidade inorgânica. A tarefa da libido é tornar inócuos os efeitos nefastos da pulsão de morte.

Em "O ego e o id" (1923) é descrito o combate entre *Eros* e pulsão de morte a partir da ideia de que ambos os tipos de pulsão estão presentes em todos os organismos vivos, mas em proporções desiguais, o que permite a predominância de uma ou de outra pulsão. Como resultado da combinação de organismos unicelulares em formas multicelulares de vida, a pulsão de morte pode ser neutralizada e os impulsos destrutivos desviados para fora com a ajuda do aparelho muscular.

Portanto, para cumprir a tarefa de amortecer as forças destrutivas do ser, a libido desvia uma boa parte da pulsão de morte para os objetos do mundo exterior, com a ajuda da musculatura. Uma outra parte fica no interior do organismo, sendo aí "amansada" pela libido, através da mistura de *Eros* com a pulsão de morte – o masoquismo erógeno:

> a pulsão de morte atuante no interior do organismo – o sadismo primordial – é idêntica ao masoquismo. Depois que sua parte principal foi transposta para fora, sobre os objetos, no interior permanece, como seu resíduo, o genuíno masoquismo erógeno, que por uma parte tornou-se um componente da libido, mas por outra segue tendo como objeto o próprio ser. Assim, esse masoquismo seria um testemunho e uma herança da fase de formação em que ocorreu a liga, tão importante para a vida, entre *Eros* e pulsão de morte (Freud, 1924, p. 170).

Portanto, se o sujeito escolhe a via do masoquismo que nega a dor da castração, ou seja, se escolhe o caminho fálico, ele anula a potência erótica do masoquismo erógeno, utilizando a "coexcitação" para servir exclusivamente ao gozo fálico. Contudo, este caminho o afasta do seu capital erótico, colocando-o mais próximo de uma via perversa hedonista do que de uma via erótica.

Ser digno da própria dor

Vemos, portanto, que a questão do masoquismo é fundamental para a clínica psicanalítica. É do seu sofrimento masoquista que os pacientes se queixam quando procuram um analista. Um sujeito busca uma análise justamente porque, à sua revelia, ele sofre. Procura o analista em um momento em que não sabe que destino dar ao sofrimento e muitas vezes surpreende-se por ver que não há aí um domínio da vontade. Com efeito, se o neurótico sofre, é porque o sofrimento é para ele uma injunção imposta pelo seu gozo, sendo portanto a única via pulsional que lhe está sendo possível percorrer. O gozo masoquista não é uma entidade isolada, mas um modo do circuito pulsional que está presente em quase toda a psicopatologia, constituindo-se na chave mestra para a compreensão das neuroses.

Mas este é um grande enigma do psiquismo humano: por que certos sujeitos se submetem ao sofrimento quando poderiam buscar outras saídas? Por que alguns persistem nesta via e outros não? Por que certas pessoas sentem-se impossibilitadas de abrir caminhos de maior satisfação? Como é possível a saída do circuito da frustração e da insatisfação?

Como vimos, Freud associa o masoquismo à relação com o outro. É a partir do laço com o outro que o sujeito se constitui, e dependem da configuração deste encontro os caminhos pulsionais que serão doravante traçados no psiquismo. Na balança da economia pulsional, o sujeito vacila entre um mal considerado menor e um sofrimento visto como um perigo maior, entre o gozo masoquista ou o caminho angustiante do desamparo. É para não encarar a dimensão inexoravelmente trágica do sofrimento humano que, na maioria das vezes, os sujeitos ficam aderidos à neurose. Esta é a balança afetiva que acossa um sujeito na travessia de uma análise: abrir mão do masoquismo implica em aceitar sua condição de desamparo.

A análise do masoquismo implica pensar o psiquismo humano como um aparelho de "prazer, desprazer e angústia" (David-Ménard, 1983). Se o masoquismo constitui uma via para além do princípio do prazer ao configurar-se como a copresença de uma grande quantidade de tensão e de prazer, seu mecanismo é compreendido a partir do ponto de vista econômico. Portanto, problematizar o masoquismo é também se inserir numa perspectiva que põe o econômico no centro da cena teórico-clínica e pensa a psicanálise não tanto pelo ponto de vista da representação inconsciente recalcada, mas a partir das concepções da pulsão e do afeto. "É provável que no organismo não ocorra nada de considerável importância que não ceda seus componentes para a excitação da pulsão sexual. De acordo com isso, também a excitação da dor e a do desprazer teriam esta mesma consequência" (Freud, 1924, p. 169).

Assim, há uma coexistência estrutural do prazer com a dor, uma "coexcitação libidinosa provocada por uma tensão dolorosa e desprazerosa" (Freud, 1924, p. 169), sendo esta a base para o surgimento do masoquismo erógeno, sobre o qual se constituirão os outros dois masoquismos. A noção de que a dor está associada ao prazer – a sensação dolorosa acompanha sempre a excitação sexual – é o fundamento de todas as figuras do masoquismo.

É interessante comparar este desenvolvimento tão próximo da conceituação do masoquismo erógeno em "O problema econômico do masoquismo" (1924) com as elaborações teóricas de 1905. Como assinala Schneider, em *Freud et le plaisir* (1980), o texto "Três ensaios sobre a teoria da sexualidade" (1905) é significativo no sentido de apresentar um prazer que não necessariamente se dá pela eliminação da tensão. A elaboração teórica das zonas erógenas aponta justamente para uma tensão que é também prazerosa. A excitabilidade prazerosa das zonas erógenas não é fruto de nenhum rebaixamento energético, pois, ao contrário, são zonas de tensão, zonas intensivas. Assim, se somente a partir de 1920, em "Além do princípio do prazer", Freud vai admitir um prazer na tensão, noção que tem seu ápice com a figura do masoquismo erógeno, observamos que algumas de suas teorizações anteriores já se abriam para a noção de que há prazer na dor, prazer concomitante ao aumento de estímulos no psiquismo, um prazer que depois de 1920 foi circunscrito a um lugar que está além do princípio do prazer.

A hipótese de que é necessário suportar uma certa dose de dor para o crescimento pessoal foi o que nos levou a trabalhar, no texto freudiano, a figura do *masoquismo erógeno primordial*. Introduzida em "Problema econômico do masoquismo" (1924), esta noção reverteu a tese anterior da primordialidade do sadismo no circuito pulsional.

Antes, o masoquismo era concebido como uma extensão do sadismo voltado para o interior do sujeito. Em "Três ensaios sobre a teoria da sexualidade" (1905), Freud assinala que frequentemente o masoquismo nada mais é do que uma extensão do sadismo que volta para a própria pessoa a qual, assim, de início, ocupa o lugar do objeto sexual.

O entrelaçamento masoquismo, desamparo e angústia

Observa-se, assim, uma relação direta entre masoquismo, desamparo e angústia, já que a perda do amor do outro deixa o sujeito com a angústia do estado de desamparo. Por medo de que isto aconteça, o sujeito aceita o mal que o outro lhe causa como uma forma de obter a sua proteção.

Em "Mal-estar na civilização" (1930), vemos como o ser humano tem dificuldade de diferenciar o que é bom do que é mau, pois nem sempre o que é mau é afastado pelo ego; pelo contrário, muitas vezes o ego se aproxima do mau. O ser humano submete-se a uma influência má quando se vê dependente dela para enfrentar os perigos da vida. Freud dá a resposta para o motivo de uma pessoa aceitar que um outro lhe faça mal:

> Esse motivo é facilmente descoberto no desamparo e na dependência dela em relação aos outros; pode ser melhor designado por angústia pela perda do amor. Se ela perde o amor de outra pessoa de quem é dependente, deixa também de ser protegida de uma série de perigos (Freud, 1930, p. 120).

Assim, o medo da perda do amor pode lançar uma pessoa no masoquismo. Por outro lado, o estado de desamparo é gerador de angústia. Em "Inibição, sintoma e angústia" (1926), Freud associa o desamparo primordial à angústia, ao mostrar que há uma relação direta entre a perda do objeto e a situação traumática decorrente do aumento dos estímulos no psiquismo. É neste sentido que a perda do objeto pode ser lida, pela noção de *desamparo primordial*, a partir de um ponto de vista econômico. Assim, a segunda teoria da angústia faz com que se considere o impacto das pulsões a partir da dimensão da angústia. A noção de angústia automática aponta para a dimensão traumática das pulsões, mostrando o caráter de perigo real inerente ao impacto do excesso pulsional.

Pelo impacto das pulsões, o eu real originário torna-se o receptor da angústia do real. É nessa direção que podemos articular a angústia do real com o masoquismo erógeno primário, sendo este circunscrito a um nível originário da experiência psíquica como o signo primeiro do resíduo pulsional no corpo do sujeito. A dor ganha, deste modo, um estatuto originário, sendo o que torna possível a erotização. Deste ponto de vista, podemos dizer que a dor é condição necessária para a erotização.

É preciso, porém, acentuar uma diferença básica entre o masoquismo erógeno e os masoquismos feminino e moral também no que diz respeito à angústia. Enquanto o primeiro é acompanhado da experiência da angústia, os outros dois visam preservar o eu da angústia decorrente do impacto pulsional:

> Parece-nos que no masoquismo feminino e no masoquismo moral o sujeito permanece preso à referência fálica que ele restabeleceu por completo. Por quê? – poder-se-ia objetar. Porque desse modo o sujeito evita de maneira decisiva a experiência perturbadora da angústia. Então, ele atenua a angústia que o invade por intermédio da identificação fálica. A consequência maior é que o sujeito vai se afundar perigosamente no abismo do masoquismo para se proteger então da angústia (Birman, 1999a, p. 212).

Desta maneira, observa-se que os masoquismos feminino e moral constituem uma forma de aliança com o outro, moldada de forma a impedir a entrada da angústia decorrente seja de uma ruptura no eixo fálico, seja do desvanecimento narcísico. Esta configuração do masoquismo é uma forma de *pacto* efetuado entre ambos os agentes da relação, visando proteger o sujeito contra a angústia do desamparo, sendo este último a própria fragilidade humana ante o excesso de excitações, vindas tanto do mundo exterior como do próprio corpo e, como dissemos, recebidas como uma situação traumática. Neste sentido, frente ao estado de abandono e de solidão decorrente do desamparo,

> [u]ma das saídas mais prováveis que se apresentam então ao sujeito é a busca desesperada e sempre recomeçada de encontrar um outro a quem oferecer o seu corpo e a sua alma, para poder gozar com violência de si mesmo, pois ele se distanciaria assim imaginariamente de sua condição originária de desamparo. Além disso, ele oferece a este outro a possibilidade de gozar ele também de seu corpo de sujeito. [...] O masoquismo é, pois, uma figura fundamental do psiquismo por meio do qual o sujeito pretende evitar a experiência do desamparo e afastar a angústia que esta lhe impõe, mas pela qual ele se submete e se escraviza ao outro (Birman, 1996, p. 47).

Vale a pena repetir: existem duas maneiras de se pensar a questão do masoquismo, que pode se configurar como uma *posição de servidão* ao outro, ou apresentar-se como uma *via erótica*. Esta última só acontece quando o sujeito admite transitar para fora do seu centro fálico-narcísico. A servidão reforça o falicismo, posição na qual o sujeito encontra uma proteção contra a própria fragilidade. Ao entregar o seu corpo para o outro gozar (claro que com isso gozando ele próprio também), o sujeito cria um mecanismo de garantia de proteção do outro. Sob esta perspectiva, o masoquismo seria um mal menor, o qual impediria a chegada desse mal considerado mais catastrófico, a angústia.

Muitos autores parecem pensar a questão de modo similar. Nacht (1938/1948) mostra que o medo da castração pode conduzir ao masoquismo: para não perder tudo, o sujeito sacrifica uma parte e salva o resto, substituindo um sofrimento intenso por outro mais brando; Grunberger (1992) aponta que o masoquista foge do prazer para ficar ao abrigo da angústia; Darcourt (1968) mostra o benefício narcísico inerente à busca do sofrimento.

Interessante notar que, desde muitos anos antes, Lampl-de-Groot já descrevia o masoquismo como uma fuga da ferida narcísica. Em "Masoquismo e narcisismo" (1936/1990), a autora vê, no masoquismo, um suporte narcísico para que o sujeito não perca os seus referenciais fálicos. Refere-se mais especificamente à menina, a qual busca prazer com a representação do castigo para se poupar de um desprazer mais grave, o da ferida narcísica. O fantasma masoquista é mais fácil de ser tolerado do que a enorme ferida narcísica que é a ausência de pênis na mulher. O ganho do prazer masoquista na verdade atenua o desprazer causado pela ferida narcísica, isto é, a dor causada por esta última é mais temida do que o sofrimento masoquista, estando aqui em questão o equilíbrio econômico que descrevemos acima. O masoquismo apresenta-se como uma espécie de proteção contra os possíveis abalos ao narcisismo:

> Renunciar a esse comportamento masoquista implicaria enfrentar a ferida narcísica e aprender a suportar a dor e a impotência que lhe são relativas. A experiência analítica nos ensinou a que ponto é extraordinariamente difícil, para os pacientes, satisfazer essas exigências. Na maior parte dos casos, o paciente prefere ater-se a um

> comportamento masoquista que o tortura, do que expor-se à dor que causam a ferida narcísica e sua própria impotência (Lampl-de-Groot, 1936/1990, p. 175).

Desta maneira, é corrente na tradição psicanalítica a concepção do masoquismo como uma defesa. Seja pensando esta defesa pelo viés da castração – o masoquismo como proteção contra a angústia de castração – ou a partir da categoria de desamparo, a noção geral é a de que o sujeito submete-se a um outro para proteger-se. Enquanto a noção de ferida narcísica articula-se ao desenvolvimento teórico da inveja do pênis e da castração, associando-se ao eixo teórico edípico, a ideia de desamparo articula-se ao contexto teórico do trauma e do excesso pulsional. Se usarmos as categorias lacanianas do imaginário, do simbólico e do real, podemos dizer que a castração insere-se no registro do simbólico, enquanto o desamparo aponta para o real, manifestando-se não pela angústia de castração, mas através de uma "angústia de morte" (Zaltsman, 1993, p. 73). Neste sentido, o desamparo está mais além da castração, ultrapassando os limites de ordenação simbólica nos quais esta última se inscreve. A proximidade do desamparo primordial rompe o limite do "rochedo da castração", o qual já constitui uma amarração simbólica do aspecto caótico, inefável e radical do desamparo. A castração já é um sentido dado para todas as perdas, configurando-se ela mesma como uma proteção contra o desamparo.

Mas, apesar de a categoria de desamparo na obra freudiana apontar para algo que se situa para além da castração, a afirmação do masoquismo como proteção contra a castração é equivalente à ideia do mesmo como proteção contra a dor do desamparo. A diferença está no nível estrutural teórico em que se opta por circunscrever algo que é da ordem da fragilidade humana. Seja frente à dor da castração ou frente à dor do desamparo, os masoquismos moral e feminino são uma defesa fálica do eu.

Com isso não estou dizendo que a castração e o desamparo são a mesma coisa, mas apenas apontando que, face a estas duas ordens da existência, o sujeito pode adotar uma mesma saída, o masoquismo. A angústia do desamparo consiste em uma angústia de morte e, como tal, é mais assombrosa e ameaçadora do que a angústia de castração. Por isso mesmo a segunda pode se estabelecer como já sendo uma proteção contra a primeira. Enquanto a angústia de castração encontra-se no domínio das forças da pulsão de vida, que quer reunir libidinalmente a unidade do eu em sínteses cada vez maiores, o desamparo primordial estabelece-se no campo disruptivo da dispersão e da fragmentação, característico da pulsão de morte. Todavia, o mais importante neste ponto da argumentação é mostrar que os masoquismos feminino e moral são uma defesa contra a angústia diante da nossa fragilidade.

Por outro lado, no masoquismo erógeno, o sujeito acolhe a fragilidade, suportando-a não só como algo indissociável ao fato de se estar vivo, mas também como algo inerentemente vital. Longe de ser algo contra o qual é necessário se armar, a fragilidade aqui se circunscreve como uma força. O masoquismo erógeno é uma experiência da dor marcada pela erotização, a qual promove um desenrijamento do falicismo do sujeito. O corpo fálico está longe de ser um corpo erótico, pois, endurecido e rígido pela necessidade de nunca deixar cair o *phallus erectus*, não permite a abertura de brechas para a entrada do outro, abertura esta que é condição *sine qua non* do erotismo. No masoquismo erógeno, a dor é decorrência do estremecimento dos alicerces fálicos:

> Nesse registro psíquico (o do masoquismo erógeno) a dor impõe-se ao sujeito a partir do momento em que a identificação fálica é colocada em questão. É por esse aspecto que toda dimensão traumática da experiência se revela, e em seguida, no sentido oposto, que as dimensões da erotização e da sublimação também se impõem, já que são novas possibilidades que se abrem para o sujeito (Birman, 1999a, p. 211).

Só com esta ideia em mente podemos compreender o relato de Isabel Allende citado na apresentação deste trabalho, de como a dor lancinante da morte de sua filha, apesar de todo o seu aspecto de horror, permitiu-lhe explorar regiões de si mesma que lhe eram desconhecidas. A intensidade de tal dor, em vez de tolhê-la ou provocar nela uma retração, conduziu-a a uma expansão subjetiva. Ao ser atravessada por uma experiência que trazia a força incoercível da intensidade, ela se viu diante de seus próprios monstros psíquicos, regiões subjetivas que chamou de seus "lugares sagrados":

> Sou um barco sem rumo que navega num mar de sofrimento. Nestes longos meses, fui descascando como uma cebola, camada após camada, mudando, deixei de ser

a mulher que era, minha filha me deu a oportunidade de olhar para dentro e descobrir os espaços interiores, grandes vazios escuros e *estranhamente aprazíveis,* que eu nunca havia explorado. São lugares sagrados e, para atingi-los, preciso percorrer um caminho estreito e cheio de obstáculos, vencer as feras da imaginação que saltam diante de mim. (Allende, 1996, p. 383; grifo meu).

Capítulo IV

O sofrimento como vitalidade ou mortificação

A transmutação da dor em alegria e a travessia na análise

Em Nietzsche, a dor não é uma coisa ruim. Ele critica o utilitarismo, para o qual a finalidade da ciência seria abolir o desprazer. Como contraponto disso, propõe a "gaia ciência", o conhecimento alegre, a sabedoria aliada ao riso e a uma sensação de júbilo que só é possível quando o prazer e a dor formam um só laço.

A intenção de reduzir a capacidade de dor dos homens tem como efeito a redução também da sua capacidade de alegria. Quem queira experimentar grandes intensidades de prazer só o fará se puder também experimentar o desprazer. Quem quer "jubilar-se até o limite do céu" deve se preparar para "ficar triste até o limite da morte" (Nietzsche, 1882/1957, p. 87). Ao se tentar reduzir a capacidade dos homens de sentir dor, conforme propõe o utilitarismo que marcou o mundo científico do século XIX, reduz-se também sua capacidade de sentir alegria. A alegria e o sofrimento são acontecimentos da vida, e abrir-se para ambos é na verdade abrir-se para a vida, que é feita de acontecimentos alegres e acontecimentos dolorosos: "o homem superior torna-se ao mesmo tempo mais feliz e mais infeliz" (Nietzsche, 1882/1957, p. 291). Não há como se viver a alegria de uma forma intensa sem se viver também a dor de uma forma intensa. No sofrimento não se encontram apenas trevas, havendo nele igualmente o encontro da luz, de uma certa sabedoria, da compreensão da própria humanidade e da humanidade alheia, o vislumbre de algumas dimensões da existência que só na dor conseguem mostrar sua preciosidade:

> O meu mundo acabou de atingir a perfeição, a meia-noite é também meio-dia. A dor é também um prazer, a maldição é também uma benção, a noite é também um sol; ide embora daqui, senão aprendereis: um sábio é também um louco. Dissestes sim, algum dia, a um prazer? Ó, meus amigos, então o dissestes, também, a *todo* sofrimento (Nietzsche, 1883/1997, p. 324)[1].

Por isso mesmo, a diferença entre o grau de conhecimento do sofrimento é um marco de distinção entre os homens (Nietzsche, 188/1957, pp. 123-124). A experiência da dor coloca o homem em uma dimensão diferente da experiência daquele que escapa ao sofrimento, conduzindo-o ao mais fundo da sua humanidade, aproximando-o dos mortais, tirando-o de seus supostos pedestais, abalando a sua onipotência. A dor é travessia

1 A esse respeito, ver também Machado, 1997, p. 149.

certa de quem não se contenta em passar a vida sem desejar o novo. Se acreditamos ser possível transformar o mundo em que vivemos e criar novas formas de subjetivar-se, vemos na dor a matéria-prima por excelência a ser trabalhada neste ato de reconstrução psíquica, de recriação de uma subjetividade e de seu mundo. Se a dor, "ao implicar o abalo de um mundo ordenado, abre a possibilidade de uma nova ordenação" (Vaz, 1997, p. 281), é por trazer consigo a característica inerente à força ativa: a plasticidade. A dor pode ser uma força ativa e não apenas uma força reativa. Sua plasticidade e sua atividade devem-se ao fato de a dor ser uma experiência que implica o ultrapassamento do medo da própria dor. Enquanto está tentando evitar a dor, o sujeito não permite o seu ultrapassamento, produzindo uma espécie de congelamento de seu ser, ficando aprisionado a um *não-poder-ser* – não poder ser afetado pela dor. Ocorre neste ultrapassamento uma reviravolta no valor que frequentemente se dá ao sofrimento, ou seja, o de que este é uma coisa ruim. Entender a travessia da dor como algo de fundamental para o sujeito na busca de seu desejo é justamente retirar o valor negativo da dor, habitualmente vista como um mal.

Se a vida é positividade, o mal é crer que o sofrimento é um mal. Mudar a perspectiva em relação ao próprio sofrimento e ao sofrimento do outro é fazer uma transição da dor vista como um mal para a dor vista como uma força. A fragilidade não é uma experiência ruim da qual devemos tentar nos livrar o mais rápido possível, mas uma experiência de comoção que fala de algo que nos afeta.

Em *A gaia ciência* (1882/1957), Nietzsche mostra como falta aos homens de hoje uma rica experiência de si pelo fato de carecerem de uma "formação da dor". Evitam tanto a dor que acabam por desconhecê-la. Podem até fingir conhecê-la, mas não creem no fundo da sua alma na realidade das grandes dores, só conseguindo ver como dor os seus míseros males do dente ou do estômago.

A ausência geral de um exercício da dor tem como consequência uma aversão à dor. "Repugnamos muito mais a dor do que os homens de outrora" (Nietzsche, 1882/1957, p. 124). Assim, houve uma época na qual se passava por uma "formação da dor", através da qual voluntariamente se fazia sofrer e se assistia no outro a dor mais atroz, época em que o homem tinha que se apropriar da própria crueldade para encarar a violência do mundo.

Só conhece a dor quem entra em contato com as grandes dores da vida. A pobreza de experiências reais de dor faz com que as agruras comuns da vida sejam vistas como um sofrimento enorme.

Os "filósofos do pessimismo" – e aqui Schopenhauer é o maior exemplo de Nietzsche – são exatamente aqueles que encaram a dor como um mal. Longe de expressarem aptidão para o encontro com a dor, dão indícios de uma vontade de negar a vida, uma vontade de nada. Por outro lado, o niilismo de Nietzsche não seria um niilismo passivo no qual imperaria uma ausência de vida, mas antes um "niilismo ativo" regido por uma afirmação da vida. Distanciando-se dos filósofos que testemunhariam o absurdo da existência e a debilidade dos instintos vitais, Nietzsche propõe transformar o sentimento do absurdo em algo sublime.

Se a miséria dos tempos de hoje se traduz em uma espécie de hipersensibilidade, Nietzsche propõe, como remédio para esta "miséria", a própria miséria.

A clínica psicanalítica também se traduz como uma travessia da dor. A análise consiste em uma *experiência de perda*, perda da ilusão de completude, de um ideal narcísico que captura e subjuga o sujeito, perda de uma demanda de ser feliz imposta por uma ideologia alienante. Esta desilusão não é, de forma alguma, vale dizer, uma apologia da tristeza e da infelicidade. Não colocamos aqui o sofrimento como uma finalidade, apenas mostramos que ele faz parte da vida, e, como tal, deve ser acolhido. De fato, a travessia da dor empreendida em uma análise abre a possibilidade de uma vida mais alegre, até porque menos neurótica. O desapego destas formas ideais impostas pelo superego é o que permite uma certa fruição, uma certa alegria, uma possibilidade de experimentar o novo.

A neurose é o aprisionamento do sujeito no registro do eu ideal, é o fechamento do psiquismo para não deixar o horror entrar, é tudo aquilo que se tem de mais velho, de mais repetitivo, tudo o que se faz para evitar o trágico da existência. Na neurose não há lugar para o horror, com tudo aquilo que ele traz também de belo e comovente.

A clínica psicanalítica, deste modo, constitui-se como uma clínica do desamparo, ao propor a experiência da perda como a via por excelência para a expansão do ser. Para descongelar-se das formas do eu ideal, o sujeito experimenta a dor das rupturas com ordenações já estabelecidas de seu psiquismo. Há aqui a perda de um sentido dado, o sentido que o próprio sujeito tem sobre si mesmo e sobre o mundo que o cerca, para que possa advir uma outra ordenação de si. Esta perda de um sentido dado implica um estranhamento de si, uma inquietação diante da abertura para uma nova ordenação do psiquismo. O sujeito entra em contato aí com o que Freud denominou o *Unheimliche*, a experiência do "estranho", do "inquietante", daquilo que ao mesmo tempo somos e também o que é mais estranho a nós, o que há de mais nosso mas surge como algo que vem de fora. O estranho seria a alteridade.

Muitas vezes o estranhamento de si implica romper com circuitos de sedução do outro e pelo outro, para que possa advir então a solidão e a singularidade do sujeito. Este rompimento com o outro naquilo que ele tem de aprisionante e alienante provoca a dor da solidão que, se muitas vezes pode ser desesperadora, é por outro lado um caminho de liberdade. Em vários de seus livros, Nietzsche apresenta a solidão como uma força ativa: "Preciso da solidão – que é uma forma de recuperar-se, retornar para si mesmo, respirar um ar livre, leve, alegre" (Nietzsche, 1908/1968, p. 689). A experiência da dor leva, portanto, a que se viva de maneira singular a solidão, pois "a dor é um caminho solitário" (Allende, 1996, p. 157).

Solidão é totalmente diferente, bem entendido, de narcisismo. A quebra das estruturações narcísicas do eu desordenam certa regulação do psiquismo, provocando fissuras que desestabilizam o sujeito, para que este possa reencontrar-se de uma nova maneira, abalando o princípio de conservação do eu, da idealização promovida em torno do eu na estrutura neurótica. Trata-se de um estremecimento no narcisismo do eu que leva o sujeito a reconstituir-se a partir do desejo e de sua imprevisibilidade.

Assim, não há qualquer possibilidade de cura ou salvação para o desamparo, como sinaliza Freud em "Mal-estar na civilização" (1930): o mal-estar é inerente à condição humana. Não há salvação para este mal-estar, está claro, mas a partir dele é possível a invenção de caminhos de satisfação. Diante do desamparo, o sujeito pode se abrir para a possibilidade de inventar o seu destino a partir de sua singularidade, criando para si um "estilo de existência" (Birman, 1997), um lugar para a singularidade de seu desejo.

A ideia nietzscheana de que o remédio para a miséria é a própria miséria aparece de forma equivalente em Freud, quando este diz que a análise tira o sujeito do sofrimento neurótico para inseri-lo no sofrimento humano. Observa-se nesta formulação a valorização de uma dor, a dor humana, em detrimento de uma outra dor vista como mais empobrecedora, o sofrimento neurótico. A análise é reveladora para o sujeito da pequenez da sua miséria neurótica, na medida em que esta o restringe ao circuito da conservação do eu que leva este último a apegar-se a idealizações para não se defrontar com o próprio desamparo, ou seja, com a miséria humana.

Neste sentido, o remédio para a miséria neurótica é, também em Freud, a miséria. Em um processo psicanalítico, a cura para a miséria neurótica encontra-se na mudança de posição do sujeito em direção à miséria humana, isto é, ao encontro com a castração e com o próprio desamparo. Desta forma, a *saída* para o sofrimento está, paradoxalmente, na *entrada* no sofrimento, naquele das intensas dores inerentes ao fato de estarmos vivos, no sofrimento intrínseco à vida, ao humano e às perdas inerentes ao humano, ao trágico da solidão de cada um de nós.

O drama do analisando, como descrevemos anteriormente, está centrado na sua neurose e no seu sofrimento masoquista. A proposta do trabalho analítico é transformar o sofrimento masoquista em um espaço trágico onde a finitude está presente. Enquanto no masoquismo o sujeito está colado ao outro – no qual busca um porto seguro, um lugar de garantia contra a morte e a finitude –, para sair do masoquismo é necessário enfrentar a tragicidade da própria finitude.

Deste modo, a saída para o sofrimento que mortifica está em poder lidar com a dor de uma outra forma, poder mudar a perspectiva em relação ao sofrimento, vislumbrando um outro modo do sofrer. Dar-se conta do próprio desamparo é aceitar um certo desapego tanto das formas idealizadas pelo ego quanto daquelas impostas pelo superego; é uma experiência de muita dor que aproxima o sujeito da própria solidão, proporcionando ao mesmo tempo o encontro de uma alegria e a possibilidade de uma fruição do viver[2].

---

[2] Neste sentido, diferenciamos a felicidade hedonista descrita no primeiro capítulo de uma alegria trágica. Enquanto a felicidade é uma ausência de dor, a alegria só existe quando se acolhe a dor. Os dois termos, no entanto, não foram usados

A dupla forma de aproximação daquilo que é doloroso indica dimensões diversas do viver de cada um, apontando mais do que nunca para a importância da singularidade do sujeito. Pode-se tanto promover um canal de intensidade com a vida quanto construir para si uma forma evitativa que impede a vida de entrar. Se o sujeito não se abre para a vida, afirmando-a tanto na alegria como na dor, a vida também não lhe mostra a sua face generosa. Como ensinou Braguinha, "a vida gosta de quem gosta dela".

Desde seus primeiros textos, Freud mostrou como a neurose se constrói a partir da evitaçao do desprazer, sendo a formação do sintoma o compromisso entre a defesa e o desejo insuportável. Além da regulação feita pelo princípio do prazer, também a primeira teoria pulsional contrapôs a pulsão do ego à pulsão sexual, mostrando como os objetivos de conservação do eu entram em choque com a intensidade dos impulsos sexuais. A partir da compreensão da primeira teoria pulsional, a neurose é concebida como uma forma pobre de dor, já que cristaliza o psiquismo para defendê-lo contra a intensidade do sexual. A pulsão sexual é disruptiva e ameaçadora para a conservação do eu, havendo um atrito na economia libidinal do eu quando este se encontra defronte do sexual: enquanto o eu quer eliminar o desprazer, por seu lado o excesso de excitação é desprazer para o eu.

---

com esta precisão ao longo do livro. Muitas vezes empregamos o termo felicidade para expor esta alegria trágica que ora descrevemos, mas a ideia geral desta diferença poderá ser sempre detectada pelo leitor.

Por isso mesmo, o sujeito neurótico é evitativo, arma-se de defesas e cumpre as exigências do princípio do prazer ao colocar-se em uma redoma como forma de proteção contra o desprazer gerado pela excitação. Seja na forma das ideias deslocadas, ruminativas e autoacusatórias do obsessivo, seja na escolha de um objeto exterior provocador de pânico na fobia, seja na concentração do afeto no corpo característica da histeria, o que está sempre em jogo na neurose é um *mecanismo psíquico de evitamento da angústia*, quer entendamos esta última como angústia de castração ou como a angústia provinda do desamparo primordial inerente ao sujeito humano.

Desde "Novos comentários sobre as neuropsicoses de defesa" (Freud, 1896), a neurose foi definida como um mecanismo de proteção, constituindo sempre a defesa contra uma experiência sexual de caráter traumático. O neurótico se protege do traumático, que, como aponta Freud em "Inibição, sintoma e angústia" (1926), é sempre da ordem do horror, mas o faz às custas de um empobrecimento erótico de seu psiquismo.

Deste modo, aprisionado a um circuito de não aceitação da perda, o neurótico não pode conceber que o sofrimento possa se apresentar como uma *oportunidade*. Uma vez abalada em seus fortes alicerces protetores, a neurose deixa de dar conta das ordenações que o sujeito faz de seu mundo. Surge, então, a experiência da dor, que permite deslocar as formas repetitivas do psiquismo, seus modos antigos de funcionamento, e promover a sua reordenação. Quando o sentido que o sujeito dá para o seu mundo começa a desmoronar, o sofrimento aparece então como *oportunidade*, oportunidade de mudança, a ocasião de um questionamento e de uma ampliação dos horizontes da vida.

Em *A gaia ciência* (1882/1957), Nietzsche observa que somente a grande dor é liberadora, esta "longa e lenta dor" que tem o seu próprio tempo, durante o qual somos consumidos tal como madeira verde pegando fogo, conduzidos às entranhas da nossa própria humanidade. É dubitável que tal dor conduza a um "melhoramento", mas com certeza nos retira da dimensão da "insustentável leveza do ser" (Kundera). A dor faz parte do conjunto da economia do psiquismo, podendo servir como um *fator de equilíbrio* desta, como uma forma de *contrabalanço*, de *compensação* da alma perante a "irrupção de novos recursos e novas necessidades, a cicatrização de antigas feridas, o recalque de diferentes passados" (Nietzsche, 1882/1957, p. 325), passados que precisam ser novamente atravessados para serem ultrapassados. Vários componentes fundamentais do psiquismo podem estar sendo ativados e elaborados em um momento de dor. Por isso, Nietzsche critica os piedosos que, ao quererem aliviar a dor do outro, ignoram que possa haver uma necessidade pessoal deste sofrimento:

> para mim como para você, os terrores, as privações, os empobrecimentos, as meias-noites da alma, as aventuras, os riscos, as tentativas frustadas, são tão necessários quanto seus contrários, e mesmo, para me exprimir misticamente, o caminho que conduz a nosso céu pessoal passa sempre pela volúpia de nosso próprio inferno (Nietzsche, 1882/1957, p. 325).

Na clínica psicanalítica, a *positividade do sofrimento* se corporifica na medida em que aquele que sofre pode estar abrindo uma brecha para a entrada em uma análise, com tudo o que esta pode oferecer da ordem do novo. É bem possível, há que se admitir, que o processo não seja exatamente desse modo: a pessoa pode estar sofrendo por estar lutando ardentemente pela restauração do estabelecido e do conhecido, sofrendo por não aceitar de jeito algum a mudança, por não aguentar a imprevisibilidade, sofrendo como forma de revolta contra a transitoriedade da vida, sofrendo por querer afastar para longe o desejo. Para que lado pesará mais a balança da economia pulsional do sujeito? Para o lado do impulso em direção à mudança ou para o das forças conservadoras da repetição? Esta resposta, o percurso de uma análise pode dar. O impulso que possuir o exército mais forte vencerá a batalha, para usar uma metáfora utilizada por Freud para definir o campo transferencial.

Nesta perspectiva, se por um lado o horror assusta, por outro é o que permite o advento da experiência analítica e o encontro com o desejo e a singularidade. Do encontro com o horror é possível a produção da alegria.

Se pensarmos a alegria como da ordem do sublime, então ela também pode estar intimamente ligada à experiência do horror. Em *Uma investigação filosófica sobre a origem de nossas ideias do sublime e do belo* (1757/1993), Edmund Burke (1729-1797) circunscreve o sublime ao perigo e à dor, ou seja, àquilo que está próximo do horror, produzindo portanto a "mais forte emoção de que o espírito é capaz" (Burke, 1757/1993, p. 48). O sublime rompe com um imaginário já estabelecido e, longe do que prega o senso comum ao dizer que o ser humano quer distância do sofrimento, revela uma inclinação do humano para tudo aquilo que causa uma dor muito forte. E vimos como Freud também reelabora a sua visão sobre o sofrimento. Se, num primeiro momento, a conceituaçao do princípio do prazer aponta que o psiquismo deseja evitar o desprazer, num segundo momento toda a teorização gira em torno da ideia de que o psiquismo se lança em direção àquilo que lhe causa a mais profunda dor, respondendo, assim, a um mais além do princípio do prazer.

Vale frisar que o sublime não é da mesma ordem que o belo, o qual não apresenta um caráter disruptivo nem ameaçador. A estética do belo é apaziguadora, respondendo às expectativas sociais já estabelecidas, não provocando rupturas no imaginário ideativo da cultura, estando em perfeita harmonia com as formas traçadas pelos ideais da cultura. Se o belo produz um prazer que é da ordem da estesia, não se expressa todavia por uma experiência das intensidades, uma experiência disruptiva do eu. Há uma espécie de caráter monocórdico no belo, cuja harmonia não causa constrangimentos, mas também não conduz o sujeito a nenhuma maior exultação.

Ideia semelhante encontramos na afirmação de Goethe citada por Freud: “Nada é mais difícil de suportar do que uma sucessão de dias belos” (Freud, 1930, p. 76). Já o sublime manifesta-se como uma experiência de intensidade, ligando-se ao horror e ao deleite que este pode provocar em certas circunstâncias. É o caso, por exemplo, da piedade. Se os infortúnios de nossos semelhantes produzissem apenas afetos dolorosos, evitaríamos as pessoas que suscitassem tais afetos. Mas, para a maioria dos seres humanos, a desgraça alheia, ainda mais se for incomum e atroz, é um espetáculo buscado com a maior avidez. O deleite que se aufere destas cenas em que o sofrimento do outro é o protagonista central é tão grande que impede que o sujeito delas se afaste. Longe de apontar para um desejo de distância da dor, a vivência da piedade ilustra o fascínio do humano pela dor.

Em *O nascimento da tragédia* (1872/1992), Nietzsche propõe o renascimento do trágico como forma de combater o niilismo passivo pessimista que impera na cultura moderna. Neste sentido, conforme a cultura europeia possa se tornar mais grega e menos cristã, o renascimento da tragédia livraria o homem deste tipo de pessimismo, afirmando este sofrimento trágico como um sofrimento paradoxalmente alegre.

A liberação do pessimismo só pode ocorrer com a passagem do niilismo passivo para o niilismo ativo. O primeiro caracteriza-se por uma forma reativa, na qual imperam a negação e a desvalorização da vida em nome de uma vida superior. Diante do fato de que a vida passa e de que o instante não retrocede, o niilista passivo paralisa-se, ficando sufocado e nauseado. Este é o niilismo criado pelo platonismo e pelo cristianismo, que desvalorizam esta vida pregando uma outra, melhor e mais verdadeira. Tanto o discurso platônico como o cristão fundamentam-se na ideia de que esta vida é horrível, e contra o desconsolo causado por esta constatação oferecem uma outra vida melhor. A criação do Deus cristão foi motivada justamente pela incapacidade de se lidar com o sofrimento. Diante da dor da vida, apregoa-se uma vida sem dor, um paraíso que se encontra alhures, em um ultramundo, a ser oferecido em outro momento, um momento posterior. A ideia de um outro mundo vem como uma forma de aliviar os sofrimentos deste mundo. A ideia de um além deste mundo, para se afirmar a vida no seu máximo de potência, resulta da incapacidade para o sofrimento fruto do fastio, tédio ou cansaço do niilista. Querendo se ver livre do sofrimento, o niilista renuncia a esta vida e passa a viver em função de outra, um "mundo desumanado e inumano, que é um celestial nada" (Nietzsche, 1883/1997, p. 49): "De sua própria miséria, queriam libertar-se, e achavam as estrelas por demais distantes. Então, suspiraram: 'Ah! Se houvesse caminhos celestes para entrar de mansinho noutro ser e noutra felicidade!' E inventaram suas artimanhas e sangrentas poçõezinhas".

Daí a advertência de Nietzsche: "é preciso proteger os fortes contra os fracos" (*apud* Machado, 1997, p. 68). Não podemos nos deixar contaminar por estes pregadores da morte. Não ser contaminado por estas "poçõezinhas" letais é viver a vida na sua carnalidade, na sua corporeidade, não desprezando o corpo e a dimensão terrena, admitindo a nossa humanidade e o fato de não sermos seres celestiais, aceitando que as estrelas estejam distantes de nós: "Uma nova altivez ensinou-me o meu eu, e eu a ensino aos homens: não mais enfiar a cabeça na areia das coisas celestes, mas, sim, trazê-la erguida e livre, uma cabeça terrena, que cria o sentido da terra!" (Nietzsche, 1883/1997, p. 49).

Supor uma vida sem sofrimento conduz à crença de que existe uma felicidade alhures, um paraíso onde finalmente o sofrimento esteja ausente. Por isso, afirmar a coexistência entre a alegria e a dor é se afastar da perspectiva de um além-mundo. Deixar o sonho de um mundo sem dor e conceber que só há alegria junto com a dor é afirmar a vida na sua humanidade, é fazer da dor o desejo, não o desejo do que não há, mas o desejo do que existe, desse mundo, desejo de mais mundo. Afirmar a copresença da alegria e da dor, nesse sentido, significa sair da perspectiva da transcendência e afirmar o plano da imanência.

O niilismo ativo, ao afirmar a passagem das coisas, se liberta da desvalorização da vida apregoada pelos que buscam a eternidade; e o faz afirmando, como veremos mais adiante, o "eterno retorno". O eterno retorno é o tônico capaz de curar a doença do niilismo passivo, afirmando um niilismo ativo cuja vontade pode conquistar o máximo de potência.

É assim que o pensamento nietzscheano busca romper com a metafísica, inaugurando uma nova imagem do pensamento ao se voltar contra uma concepção representativa da linguagem, retirando do pensamento a ideia de consciência e a ilusão de interioridade. Constitui-se, portanto, em um pensamento do fora, o qual liberta o pensamento do jugo da interioridade e da representação. Nesta perspectiva, o pensamento teria como ponto de partida a exterioridade, aquilo que se encontra fora, e não a consciência, sendo portanto um pensamento da força e não da representação. É a exterioridade como o jogo das forças que atravessam e constituem o homem em um campo de imanência.

Ao apresentar uma nova imagem para o pensamento e, ao mesmo tempo, expor o declínio da tradição metafísica, Nietzsche propõe o renascimento do trágico. É interessante cotejar o lugar dado ao sofrimento na visão metafísica e aquele por ele ocupado na perspectiva trágica. A metafísica, como uma forma de pensamento que se construiu a partir de categorias universais, se furta ao devir, propondo a estabilidade do ser. Ao querer a permanência das coisas, ao dizer não ao devir, a metafísica afasta-se da dor, que no fundo é a dor por não haver a permanência do ser. Trata-se de uma visão apaziguadora do horror da existência, que vê o homem como um ser sereno e simples inclinado para uma "felicidade de existir". É o homem teórico regulado pelos princípios da ciência, respondendo às razões maiores desta última, ou seja, à razão universal e à estabilidade do ser. Em contrapartida, o trágico afirma o devir, propondo uma cultura jubilosa no debruçar-se sobre a dor de existir.

Mas é importante frisar que, longe de fazer uma apologia à dor, de fixar-se na dor, o trágico busca transmutar a dor em alegria. A relação com o trágico não se apresenta exclusivamente como dor, mas também como júbilo, êxtase, exaltação. Como comenta Roberto Machado, o texto de *Assim falou Zaratustra* (1883) é uma afirmação jubilatória da existência. Constatamos isso, por exemplo, no encontro do pastor com a serpente descrito na sequência chamada "Da visão e do enigma". Vemos o pastor prestes a morder a serpente, contorcendo-se cheio de náusea, ódio, asco e horror. Após morder a cabeça da serpente, ele a cospe para bem longe e Zaratustra conclui: "Não mais pastor, não mais homem

– um ser transformado, translumbrado, que *ria*! Nunca até aqui, na terra, riu alguém como *ele* ria!" (Nietzsche, 1883/1997, p. 168).

Assim, se a tragédia encena a dor, não é com o fim de cultuá-la, mas sim para cultuar a vida na sua diversidade. Na laceração de Dionísio encontra-se também o máximo de prazer. Por um lado, Dionísio expressa o sofrimento da individuação; por outro, reintegra-se depois no prazer do ser universal: o homem superior torna-se ao mesmo tempo muito mais feliz e muito mais infeliz.

A tragédia é um antídoto contra o pessimismo de Sileno, sábio que disse que o bem supremo seria não ter nascido e, uma vez tendo nascido, que o melhor seria morrer o quanto antes, já que viver só traria dor. A visão trágica mostra que a dor não é sinônimo de tristeza, pois pode haver alegria na dor. Esta alegria nunca se traduz por uma resignação, já que o trágico não é uma solução moral da dor, transmuta a dor.

A tragédia não busca nos acalmar diante dos horrores da existência, não é apaziguadora, é tonificante, operando a transmutação do sofrimento em alegria. A tragédia acontece quando Dionísio, com o seu poder perturbador e renovador, irrompe nas belas formas de Apolo. As potências dionisíacas não calam o desejo; ao contrário, trazem-no à tona, causando um imenso ruído na busca apolínea de harmonia. Como vimos, o trágico é a estética presente no desarmônico, no feio, no dissonante. O trágico não recusa o feio, pois vê nele um brilho. Se o dionisíaco não é transformado em arte, ele se torna loucura desenfreada, pura potência de dissolução.

Desta forma, longe de neutralizar a dor, o trágico a coloca em cena, operando uma transmutação, uma transformação do homem. Outra passagem do romance já citado de Isabel Allende ilustra esta forma trágica de entregar-se à dor como um modo de afirmar a vida:

> Quando o terror me paralisa, fecho os olhos e me abandono, com a sensação de submergir em águas agitadas, por entre os golpes furiosos das ondas. Acho que estou morrendo entre instantes que, na verdade, são eternos, mas pouco a pouco percebo que continuo viva apesar de tudo, porque, no torvelinho feroz, há um resquício de misericórdia que me permite respirar. Deixo-me arrastar sem opor resistência e, aos poucos, o medo retrocede. Flutuando, penetro uma gruta submarina e lá descanso por algum tempo, a salvo dos dragões e da desgraça. Choro sem soluçar, perdida por dentro, como talvez chorem os bichos, mas nessa altura o sol acaba de surgir e a gata se aproxima, pedindo comida, e ouço os passos de Willie na cozinha e o cheiro de café invade a casa. Outro dia começa, como todos os dias (Allende, 1996, p. 383).

O livro de Allende comove justamente por não dramatizar a dor, por não dar a ela uma conotação moral, encarando-a, sim, como uma possibilidade de se vislumbrar algo de novo. O propósito de positivar a dor não é o de reconhecer que a vida é um vale de lágrimas e sim o de afirmar a dor como forma de afirmar a vida. A resignação é triste, pois quer um outro mundo que não este, um mundo que deveria existir, mas não existe. Em oposição, afirmar o sofrimento, ou indicar que sofrer não é um aspecto ruim da vida, é mostrar que a dor é imanente ao nosso mundo. Na dor, assim como na alegria, se vive e cria e ama e age e erra e caminha. Senão, como entender a frase com que Nietzsche finaliza o seu *Nascimento da tragédia* (1872/1992, p. 144): "Mas dize também isto, ó singular forasteiro, quanto precisou sofrer este povo para poder tornar-se tão belo?".

O medo do novo e a passagem do tempo

Se o sofrimento pode ser uma oportunidade para o crescimento e para a mudança, a contrapartida disso também é verdadeira: a oportunidade gera sofrimento.

Há um temor do novo. A possibilidade de alargamento dos horizontes, do vislumbre de novas paisagens subjetivas, estremece a economia narcísica do eu, ao mostrar que há sempre um *não-eu*. Se há o novo, o eu não é todo, não sabe tudo, não pode saber tudo. Não é fácil sair do terreno conhecido e estável para adentrar regiões desconhecidas do ser.

A razão universal, como vimos, ao buscar a estabilidade do ser, neutraliza o novo. Enquanto o princípio de razão quer prever e determinar o que vai acontecer no futuro, o instante se dirige a um futuro incerto e contingente. O caráter irruptivo do instante bem como a passagem do tempo constituem a própria marca do trágico. Para Zaratustra, a angústia da vontade advém da impossibilidade de voltar para trás: "O presente e o passado na terra – ah, meus amigos! – é isso, para mim, o mais insuportável" (Nietzsche, 1883/1977, p. 150).

Na perspectiva do ressentimento, o caráter trágico é negado. A dor ressentida se entristece com a passagem do tempo, com o fato de que este nunca retrocede e de que não há futuro possível que venha corrigir o instante. A vontade aqui é incapaz de querer o querer do tempo e, por isso, passa a maldizer a vida, concebendo-a como a transição para uma outra vida supostamente muito melhor. Trata-se da vontade de nada, o niilismo passivo. Incapaz de aceitar a passagem do tempo, a vontade niilista opta por nada querer.

Nada querer é uma vingança contra a passagem do tempo: "Isso, sim, só isso já é uma vingança: a aversão da vontade pelo tempo e seu 'Foi assim'" (Nietzsche, 1883/1977, p. 151). A vontade, que deveria libertar, sente-se aprisionada por não poder reverter o que já está feito, sendo esta a marca da impotência da vontade humana. A vontade pode ser portadora de alegria, mas tornou-se causa de dor. Em tudo o que pode sofrer, vinga-se, com raiva e despeito, por não poder retroceder, manifestando então a aversão, o ressentimento contra o presente e o passado.

Para Nietzsche, a possibilidade de libertação encontra-se na proposta ética do *amor fati*: aceitar o "Foi assim", transformando-o em um "Assim eu o quis". A vontade passa a ser criadora quando pode dizer: "Foi assim! Assim eu o quis! Assim hei de querê-lo". Desta forma, a vontade deixa de ser fonte exclusiva de dor, podendo ser portadora de uma alegria trágica. *Amor fati*, amor ao destino, amor à necessidade, tal é a fórmula nietzscheana da afirmação da vida:

> Minha fórmula para a grandeza no ser humano é *amor fati*: nada querer diferente, seja para frente, seja para trás, seja em toda a eternidade. Não apenas suportar o necessário, muito menos ocultá-lo – todo idealismo é mentiroso diante do necessário – mas *amá-lo* (Nietzsche, 1908/1968, p. 714).

O que está em questão na noção do eterno retorno, vale salientar, não é o aspecto cosmológico e sim o ético. O eterno retorno não é uma lei universal propagada incondicionalmente, mas uma proposta ética, uma sugestão de afirmação de tudo o que ocorre, de querer o vivido no próprio instante em que é vivido. A questão não é que as coisas vão obrigatoriamente retornar, mas viver "como se cada instante de sua existência fosse retornar eternamente. Isto é, se, no momento de fazer algo, alguém se perguntar se quer fazê-lo um número infinito de vezes, isto será para ele o mais sólido centro de gravidade" (Nietzsche, 1908/1968, p. 134). O eterno retorno coloca em cena o desafio ético de levar o homem a seu máximo de potência. Só quem ama muito a vida pode desejar que o instante volte eternamente.

A noção do eterno retorno consiste em uma crítica a um estado terminal ou de equilíbrio, uma crítica à visão teleológica que compreende o universo como tendo uma finalidade. O devir não começou de lugar algum nem é algo que já adveio, é o que é sempre devir. O instante que passa é ao mesmo tempo passado e presente. É necessário que o instante seja ao mesmo tempo passado, presente e futuro para que ele passe. Se fosse necessário esperar um novo presente para que este se torne passado, o presente nunca passaria. Portanto, o eterno retorno responde ao problema da passagem. Não é o retorno do mesmo, porque não se trata de um ser que vem de novo, mas de um devir, do próprio vir de novo, do devir que passa como expressão do diverso, da diferença e da sua repetição. Por isso que a tal princípio Nietzsche associa a vontade de potência. Este é o processo da superação do homem, quando ele pode afirmar o máximo da sua potência.

Ao sorriso plácido de Buda Nietzsche contrapõe o riso louco de Dionísio; a tudo que há de beato na beatitude propõe a criação sempre aberta de novos deuses, indo contra a corrente que venera um só deus. Até se pode falar de beatitude em Nietzsche, mas não num sentido convencional, como Birault ilustra, citando uma parábola do autor. Um discípulo pergunta ao mestre: "'O que devo fazer para tornar-me feliz?'. 'Isto eu não sei, mas eu te digo: seja feliz, e faze então o que tens prazer de fazer'" (Nietzsche, *apud* Birault, 1967, p. 18).

Quando o mestre responde que não sabe o que o discípulo deve fazer para ser feliz, mas ao mesmo tempo lhe sugere "seja feliz", está dizendo que é da própria felicidade que brotam os desejos e as ações que levam ao prazer, não o contrário. A beatitude aqui é um início e não uma finalidade. Não é a beatitude do homem infeliz que quer aceder a um estado ideal de preguiça, hedonista ou budista, estado de nirvana onde não há tensão. Para o homem do sono, a felicidade é relaxamento, é ausência de dor. Nietzsche denomina "filósofos do adormecimento" os que propõem uma felicidade do repouso e do sono, opondo-lhes uma filosofia da manhã, do meio-dia, contrária a todas as terras prometidas, todos os ideais de uma beatitude da eternidade.

Há aqui uma mudança na perspectiva do desejo. Não é o desejo que, insatisfeito, vai buscar a plenitude e a satisfação, é da própria potência que surge o desejo. O homem da beatitude desta forma acolhe a vida, concilia-se com o acaso e, a partir daí, faz-se desejante. Não se trata de uma beatitude que virá depois, numa vida melhor, como recompensa para uma virtude, mas, como descreveu Espinosa (1632-1677), a beatitude é a própria virtude (*Ética*, 1677/1985). Mais que uma transição, trata-se de uma mudança de perspectiva, de uma revaloração dos valores dados, de uma transmutação dos valores. A "transvaloração" não indica uma passagem, mas uma mutação brusca, um salto qualitativo, uma mudança de valoração, de ótica, de perspectiva, na qual se consegue olhar tanto a infelicidade como a felicidade a partir de um outro viés: o do *amor fati*.

É interessante observar como na proposta ética do *amor fati* o desejo não é fruto de uma insatisfação. Na visão metafísica do desejo, tanto em Platão como em Hegel, o desejo insere-se numa perspectiva filosófica antiga de pensar a felicidade como ausência de dor, sendo o desejo e a vontade movidos pela infelicidade, pela fome, pela indigência, ou seja, por uma negatividade. A felicidade, aqui, é vista como satisfação do vazio, como sinônimo de relaxamento, de diminuição da tensão.

O que permite que Nietzsche inaugure uma nova maneira de filosofar é a mudança que opera na noção de desejo em relação à visão tradicional ou metafísica. Não se trata de desejar outras coisas ou de desejar as mesmas coisas por outros meios, mas de desejar de outra forma. A questão não é o que se deseja, mas, sim, ver o desejo como uma força: não o que a força quer, mas o que quer na força. Na visão nietzscheana, o desejo tem por fonte "a riqueza e não a pobreza, o agir é filho da alegria e não da infelicidade, a beatitude é um início e não um fim" (Birault, 1967, p. 27).

O ressentimento e a má-consciência

Nietzsche distingue duas modalidades de sofrimento, mostrando como esta via pode tanto conduzir a uma mortificação como pode, por outro lado, produzir vitalidade. Enquanto a dor como excesso produz movimento e vida, o estado de anestesia da dor leva a um empobrecimento da vida. Deleuze comenta estas duas formas:

> Existem duas formas de sofrimento e de sofredores. Os que sofrem da superabundância da vida fazem do sofrimento uma afirmação, fazem da ebriedade uma atividade; [...] Os que sofrem, ao contrário, de um empobrecimento da vida fazem da ebriedade uma convulsão ou um adormecimento; fazem do sofrimento uma forma de acusar a vida, de contradizê-la, e também um meio de justificar a vida, de resolver a contradição (Deleuze, 1962, p. 18).

Assim, quando o sofrimento é afirmação, não há o medo da ebriedade, podendo esta ser ativa e alegre. Já quando a vida é pobre a ebriedade ou é adormecida ou se torna uma forma de convulsão, provocando um curto-circuito na vitalidade do sujeito. Estes dois sentidos da dor, seu sentido ativo e seu sentido reativo, são apresentados respectivamente através das concepções do sofrimento dionisíaco e do sofrimento cristão.

Na concepção dionisíaca, como vimos, a vida é apreciada e exaltada, mesmo no sofrimento. A "transvaloração", a via trágica para a transformação, não é jamais um trabalho de negação.

No cristianismo, o sofrimento é um motivo para se acusar a vida, a partir da perspectiva de que se sofre porque a vida é injusta, e com o sofrimento se paga a injustiça inerente à vida. A vida cristã é uma vida depreciada, uma vida que está sempre sendo amaldiçoada. A salvação para esta vida vem do próprio sofrimento que a acusou. Ao mesmo tempo que o sofrimento é uma forma de testemunhar a injustiça da vida, é também um meio de se encontrar uma justificativa superior e divina, de expiação e redenção, para a mesma. A cruz de Cristo é a imagem da vida submetida ao trabalho do negativo, da resignação, da acusação. O sofrimento cristão se nutre da culpa: sofremos porque estamos sendo castigados por algo do qual somos culpados. No entanto, o castigo cristão nunca paga a culpa, de modo que esta se torna uma culpa perene.

As duas figuras do sofrimento judaico-cristão que são geradoras de culpabilidade são a *má-consciência* e o *ressentimento*.

Na má-consciência, a culpabilidade volta-se para dentro, levando o sujeito à posição de quem diz "eu sofro porque tenho culpa, porque é minha a culpa". No ressentimento a força reativa dirige-se para fora como uma forma permanente de acusação: "eu sofro porque a culpa é sua". O ressentimento é uma figura mais básica do que a má-consciência. Nesta última ocorre uma mudança de direção da força, quando a acusação volta-se para o próprio sujeito sob a forma de autoacusação.

Assim, estas figuras definem o niilismo cristão. São figuras de negação da vida, fomentando a fabricação da culpabilidade e a multiplicação da dor. Isso se liga ao que foi dito anteriormente sobre a diferença entre o pensamento interiorizado da metafísica e o pensamento do fora. A interiorização da culpa congela a dor, não a deixando passar. A dor exteriorizada característica do trágico é uma dor que tem uma plasticidade, uma possibilidade de ultrapassagem e de mudança.

Portanto, a dor interiorizada é a base da culpabilidade trabalhada por Nietzsche. A má-consciência, ele argumenta, cria um sentido novo para a dor, um sentido íntimo, transformando-a em sentimento de culpa. Surge quando o homem passa a sofrer dele mesmo. Ao não aceitar a sua crueldade, o homem entra no circuito da autoexecração: "Nos dias em que a humanidade não era envergonhada da sua crueldade, a vida na terra era muito mais alegre do que o pessimismo de hoje" (Nietzsche, 1887/1968, p. 503). A má-consciência surgiu quando a crueldade e o prazer em destruir voltaram-se contra aquele mesmo que possuía tais instintos. Esta é uma fórmula também cara a Freud: a culpabilidade é fruto da agressividade recalcada. É no movimento de interiorização da agressividade que surge a figura do superego como o porta-voz do castigo dado como consequência da culpa.

Tanto em Freud quanto em Nietzsche a culpabilidade é fruto do projeto civilizatório que fez com que o homem passasse a detestar o animal que existe dentro dele. Obrigado a abandonar a vida selvagem para viver numa sociedade constituída, o homem contraiu a doença da culpa e confinou-se aos costumes e à moral: "Aí começou a mais grave das doenças, da qual a humanidade ainda não se recuperou, o homem sofrendo do homem, o homem sofrendo dele mesmo" (Nietzsche, 1887/1968, p. 521).

A má-consciência faz do homem um ser decadente, que atormenta a si próprio, que se odeia e odeia a vida. O ressentimento – que está na base da má-consciência, antes de esta voltar-se para dentro – é a revolta do homem que, por lhe ter sido negada a "verdadeira reação", compensa-se através de uma vingança imaginária. Este homem, por não saber afirmar a vida, só consegue existir negando o outro, dizendo não para tudo que está fora dele, tudo que não é ele mesmo. O ressentimento é a expressão das forças reativas; o que o move é a negação.

A existência do homem do ressentimento precisa de um estímulo externo para agir, seu ponto de vista está sempre voltado para fora, para o outro que ele nega para só assim se posicionar. Esta é a lógica dos impotentes, dos fracos, que só querem destruir aqueles que agem, assumindo uma atitude depreciativa e acusadora. Aquele que não consegue agir e afirmar a sua existência de maneira ativa acaba por ficar permanentemente no circuito de negar aqueles que afirmam. O homem do ressentimento, diz Nietzsche, é um fraco. Não sendo suficientemente forte para agir, desenvolve o "bacilo da vingança", manifestando um rancor perpétuo.

Enquanto o nobre vive com confiança em si mesmo, o ressentido se esconde, deixando-se envenenar pelo seu ódio. O nobre pode dizer "eu sou bom"; o homem do ressentimento apenas deprecia. Para que possa se sentir bom, tem necessidade de ver o outro como mau. Só consegue existir em oposição a um mundo exterior, vivendo exclusivamente numa lógica comparativa. E, uma vez que enaltecem a própria fraqueza, Nietzsche adverte que é preciso proteger os fortes dos fracos.

Uma característica do homem ressentido é ser dotado de uma memória prodigiosa, uma total incapacidade de esquecer. Diante da intensidade da excitação, o ressentido não exibe uma reação, deixando então a excitação virar memória, passando a se confundir com o traço mnêmico. Em vez de agir, o sujeito fica ruminando a excitação numa espécie de digestão sem fim. A memória ressentida tem a função de alimentar a vingança, não esquecer a injúria, a sensação de ter sido injustiçado, fomentando assim um perpétuo ódio. A memória incessante visa controlar o que há de irruptivo no instante, controlar o tempo querendo que este não passe.

Em *Ecce Homo* (1908/1968), Nietzsche sugere o exemplo do fatalismo russo como forma de se liberar do ressentimento. Quando a batalha está por demais árdua, o soldado é simplesmente obrigado a deitar na neve e, sem amargor, esperar que a sua reserva de força seja recarregada, vendo isso como uma fatalidade a ser aceita. Às vezes, tudo o que se pode fazer frente a uma situação muito difícil é guardar o mínimo de energia que ainda se tem, numa espécie de "hibernação", para que não ocorra a consumição total da vitalidade do sujeito. Este fatalismo sem revolta pode preservar a vida quando esta se encontra em uma situação de periculosidade.

Para poder se livrar do ressentimento, há que se viver as experiências tanto do lugar da força quanto do lugar da fraqueza, pois, quando as forças estão extenuadas, não adianta muita coisa querer rebelar-se ou revoltar-se com a situação dada. Quando a pessoa está doente, o seu instinto de luta fica exíguo. A proposta do fatalismo russo é, assim, a de não despender as diminutas forças, reservando-as para o que é essencial. Nada consome um ser humano mais rápido do que o afeto do ressentimento – a raiva, a vulnerabilidade patológica, a sede de vingança – nada pode ser mais desvantajoso para aquele que se encontra enfraquecido, pois estes afetos produzem uma consumição veloz da energia do sujeito.

Nietzsche atribui o fato de ter aprendido a livrar-se do ressentimento à sua própria batalha permanente contra a doença: "Libertação do ressentimento, iluminação sobre o ressentimento – ninguém sabe o quanto eu devo isso à minha prolongada doença" (Nietzsche, 1908/1968, p. 685). Longos anos da sua vida foram uma convalescência, uma tentativa de recuperar-se do declínio. Assim, é ao fato de ter podido olhar a vida tanto do ponto de vista da doença quanto do ponto de vista da saúde que Nietzsche atribui ter aprendido a lidar com o ressentimento. É esta a "grande saúde": poder ver a vida tanto do ponto de vista da saúde como do da doença. Para isso, é necessário poder reverter as perspectivas, fazendo uma "revaloração dos valores". Sabemos como a proposta de transmutar os valores é essencial para Nietzsche, tendo ao final de sua obra apresentado o que denominou a "transvaloração de todos os valores". Olhar para a saúde da perspectiva da doença e para a doença da perspectiva da saúde foi, segundo testemunhou em *Ecce Homo* (1908/1968), seu maior treinamento para a revaloração dos valores dados; foi sua maior experiência de vida, o que lhe deu a possibilidade de ter sempre um olhar para fora das perspectivas já condicionadas e perceber que o que importa nas coisas não é o que elas são em si, mas o valor que se lhes dá. No entanto, a transformação do sentido requer a mudança de perspectiva.

Aceitar a própria fatalidade, colocando nela o querer, é uma forma de não se deixar ser consumido pelos afetos do rancor e da vingança; é entregar-se à fatalidade como forma de armazenar as energias, de não deixá-las expirar de todo. Isso não significa entregar-se ao inimigo. No momento em que a força reaparece, tornando-se novamente potente, o combatente deve se lançar de novo à luta: "A guerra é uma outra questão" (Nietzsche, 1908/1968, p. 687).

A faculdade de esquecer

A força que se opõe ao ressentimento é a faculdade de esquecer, a capacidade de deixar a excitação fluir no sistema psíquico, sem cristalizá-lo nem esclerosá-lo.

O esquecimento, assim, deixa de ter exclusivamente o caráter negativo que lhe foi dado pela psicologia, podendo se constituir como uma força ativa, um sinal de robustez e saúde que oferece à consciência fluidez e mobilidade, não permitindo que a dor da excitação se congele, cristalizando-se em traços de memória. É próprio da força querer dar tudo o que pode. Porém, quando as forças reativas fixam-se à impressão indelével e investem o traço, forma-se o sistema inconsciente dos traços mnêmicos, que expressa a impossibilidade de se subtrair à impressão recebida. Se a faculdade de esquecer falha, o traço toma o lugar da excitação, virando memória, e a reação toma o lugar da ação. Como resultado, as forças ativas ficam impossibilitadas de exercer a sua atividade; ou seja, elas são separadas daquilo que elas podem. É desta maneira que as forças reativas tomam o lugar das forças ativas. Prepara-se, desta forma, o terreno para a doença do ressentimento.

A força do esquecimento pode ser correlacionada ao *sistema da consciência-percepção* do aparato psíquico freudiano, pois, como vimos, este sistema inscreve-se em um lugar de intensidade fora da regulação do princípio do prazer, da representação recalcada e do traço mnêmico.

Sendo impossível um mesmo sistema encarregar-se da função de receber a excitação e da função de armazená-la enquanto traço de memória, é necessário que a cada função corresponda um sistema diferente. A placa perceptiva tem que estar sempre livre para poder receber os novos estímulos que estão sempre chegando. Enquanto o sistema da consciência-percepção (ϖ) recebe a excitação, o sistema inconsciente a transforma em traço durável.

Desta forma, o sistema da consciência-percepção formulado por Freud possui esta característica de não reter os estímulos, mas sim dar-lhes certa permeabilidade, certa fluidez, não os enrijecendo. Não se trata de um aparelho de memória, mas de um sistema perceptivo que se situa na superfície mais externa do psiquismo para receber os estímulos e dar-lhes uma qualidade. Encontra-se, portanto, no registro do esquecimento e não no registro da memória.

Concluindo, portanto, podemos associar a travessia do trágico com o processo psicanalítico, na medida em que neste há também um movimento de afirmação da dor. Quando Freud diz que a análise substitui a dor neurótica pela dor humana, vemos, nesta passagem de um modo do sofrer a outro, o confronto do sujeito com a dimensão do trágico. A transmutação da dor em alegria exige que a experiência da perda e do desamparo se desdobre em potência de viver. A positividade da dor faz com que ela deixe de ser um mal para se tornar uma força.

Considerações finais

Começando pelo fim: fazer do sofrimento uma força e não um mal significa o próprio processo de encontrar no sofrimento a sua positividade. Foi essa a diretriz que nos conduziu a valorizar na pulsão a dimensão da força e do excesso pulsional. Foi isso, também, que nos levou ao encontro do pensamento nietzscheano, no qual a relação entre as forças faz do afeto do sofrimento um combate entre as forças ativas e as reativas: o que interessa no sofrimento é o sentido. A força em Freud não é a mesma coisa que em Nietzsche, mas colocar os dois autores lado a lado enriquece a pesquisa sobre o tema do sofrimento. A força em Freud é excesso pulsional, força de empuxo que tende ao escoamento. A força em Nietzsche é sempre plural, pertence a um campo de forças. O confronto entre as forças ativas e reativas não é uma contradição que precisa ser superada através de uma negação, pois pode ocorrer aí um somatório de forças. O próprio atrito entre as forças é o que define uma força, que é a própria resultante deste combate.

Podemos encontrar em Freud uma ideia próxima à de combate entre as forças na compreensão do campo transferencial: neste, a resistência não é concebida como uma força que vai contra o processo da análise. Este conceito significa o próprio embate do afeto transferencial, o qual está sendo trazido para o campo da análise através da figura da resistência, a ponto de podermos dizer que onde existe resistência há transferência.

Pensar em dois modos de se relacionar com a dor foi uma intuição que nos conduziu à obra de Nietzsche, pois neste autor é bem nítida a separação entre o sofrimento judaico-cristão e o sofrimento trágico. Bataille é um outro pensador que muito nos ajudou, já que sua formulação sobre o erotismo positiva de forma contundente a dor e a morte. As elaborações de Bataille contribuem para se pensar o ponto de vista econômico em Freud, tendo sido a abordagem econômica o norte metapsicológico da tese.

Em Freud, a figura do masoquismo erógeno condensa a positividade da dor, pois indica uma configuração pulsional na qual a dor não se transforma em destrutividade. A pulsão de morte, nesta modalidade de masoquismo, é um excesso pulsional que se une ao excesso libidinal do encontro com o outro, promovendo o erotismo. O masoquismo erógeno é um momento inaugural do sujeito que se constitui no encontro com o outro, a partir do redirecionamento da energia expulsa, efetuado pelo amparo do outro. A leitura que Schneider faz de Freud, neste sentido, é bastante fértil, pois indica o eixo teórico para se trabalhar, na obra deste autor, o acolhimento à dor, à excitação, à intensidade. A compreensão de um prazer explosivo e intenso permite a formulação de um paradigma das intensidades na obra freudiana.

A junção dessas ideias com o masoquismo erógeno nos levou à indagação quanto à possibilidade de se pensar a psicanálise fora do campo da representação, o que implica pensá-la também fora da primazia do recalque. O recalque é apenas um entre outros possíveis destinos da pulsão. É por esta perspectiva que valorizamos, no texto freudiano, o sistema da consciência-percepção, a configuração subjetiva do eu-real originário, os destinos pulsionais do retorno em direção ao próprio corpo e a mudança da atividade para a passividade.

Trabalhar a positividade da pulsão de morte foi, nesse contexto, imperativo. Trata-se de um conceito que apresenta aspectos díspares. Sua face de ruptura, de fragmentação e de dispersão pode levar à mortificação e aniquilação de um sujeito, mas, paradoxalmente, pode salvá-lo também. Enquanto as forças de *Eros* tendem à união, as da pulsão de morte conduzem à ruptura. No entanto, os caminhos de *Eros* podem promover sínteses que buscam fixar e estabilizar as relações das forças. No ensejo de reunir, o risco de *Eros* é o de estabelecer totalidades. Freud não buscou as totalidades, pois valorizou o fragmentário, o singular, o analítico, a decomposição e não a síntese. As forças da pulsão de morte desfazem as organizações que fecham o seu cerco em um suposto Todo, organizações que se encontram asfixiadas pela união promovida por *Eros*, podendo, pelo poder da dispersão, encontrar para elas uma saída vital.

A pulsão de morte é um conceito revolucionário na obra freudiana. A partir da sua elaboração, a conservação do eu não é mais algo tão valioso, pois se quebra a ideia de que haveria no eu o impulso para o aperfeiçoamento: por mais que tentemos, nunca conseguiremos realizar a proposta arrogante de nos tornarmos super-homens. Freud rompe, nesse momento, com todo um paradigma que coloca o homem no centro do universo e a razão como o ápice de um projeto de construção da cultura. Segui-lo é trazer para a cena o que até então nossa cultura não pôde valorizar: a fragilidade, a feminilidade, a perda, a passividade, o afeto e as intensidades. A subjetividade é falha, é frágil, mas isso não é ruim. Pelo contrário, é aí que reside sua maior força. Buscar nas forças mortíferas aquilo mesmo que pode gerar mais vida é o desafio de uma teoria e de uma ética. A positividade da pulsão de morte mostra que o que irrompe, provocando ruptura, é o que permite o novo. O impulso revolucionário que deseja o novo, que quer mais mundo, desestabiliza as ordens estabelecidas, desconstrói o velho e o repetitivo, estremece o chão do já conhecido, permitindo a chegada de algo até então ignorado por nosso campo de visão.

É nesse sentido que valorizamos a experiência da perda e do desamparo. São regiões subjetivas onde se pode escapar do falicismo e do narcisismo circunscritos à conservação do eu. Nestes, a dor é aniquilação de si mesmo e do outro e a perda é regida pela lógica do falicismo e da competitividade. Mas há outra via possível para o afeto: na perda e na dor pode haver escoamento, tirando o sujeito do circuito da utilidade, no qual impera a retenção e a usura. É pela força da perda, do desprendimento e da abundância que podemos encontrar no sujeito a sua exuberância.

O excesso, em Freud, encontra-se na emergência mesma do processo de subjetivação. O psiquismo se constitui a partir dos caminhos trilhados pelas quantidades intensivas de excitação, que a ele chegam através do próprio corpo pulsional ou do mundo exterior. Por isso definimos o aparelho psíquico como eminentemente um aparelho de prazer, desprazer e angústia. Quando o aumento de tensão é regido pela instância do prazer-desprazer, gera desprazer. Quando é circunscrito ao além do princípio do prazer, no contexto teórico do trauma, produz angústia. Por isso mesmo, propomos esta última como uma possível ligação, fora do campo da representação. O trauma é uma peça chave para a compreensão do lugar do excesso na obra freudiana, pois remete ao impacto dilacerante da força pulsional no sujeito. O embate da subjetividade é o de saber qual destino dar ao traumático da pulsão, sendo a singularidade a forma que cada um encontra para dar conta do excesso e da dor.

Afinal, do que se trata na psicanálise senão de um trabalho que conduz à compartilhar a dor com um outro para que, através do encontro com a alteridade, possa se buscar para a dor um destino, uma possibilidade erótica e criativa para aquilo que é da ordem de um insuportável, uma forma satisfatória de conviver com o fato traumático e incoercível do nosso desamparo?

Bibliografia

Allende, Isabel (1996). *Paula*. Rio de Janeiro, Bertrand Brasil.

André, Serge (1995). *A impostura perversa*. Rio de Janeiro, Jorge Zahar.

Assoun, Paul-Laurent (1980). *Freud et Nietzsche*. Paris, PUF.

Bataille, Georges (1975). *A parte maldita*. Rio de Janeiro, Imago.

Bataille, Georges (1980). *O erotismo*. Lisboa, Moraes Editores.

Bataille, Georges (1992). *A experiência interior*. São Paulo, Ática.

Bataille, Georges (1993). *Teoria da religião*. São Paulo, Ática.

Baudrillard, Jean (1981a). *Para uma economia política do signo*. Lisboa, Edições 70.

Baudrillard, Jean (1981b). *A sociedade de consumo*. São Paulo, Martins Fontes.

Bauman, Zygmunt (1998). *O mal-estar na pós-modernidade*. Rio de Janeiro, Jorge Zahar.

Bentham, Jeremy (1789). *Uma introdução aos princípios da moral e da legislação, in Os Pensadores*. São Paulo, Abril Cultural, 1984.

Birault, Henri (1967). De la béatitude chez Nietzsche, *in Cahiers de Royamont – Nietzsche*. Paris, Les Éditions de Minuit.

Birman, Joel (1988). Alquimia no sexual: sobre o conceito de sublimação em Freud, *in* Birman, J. & Nicéas, C. A. (orgs.). *A ordem do sexual*. Rio de Janeiro, Campus.

Birman, Joel (1993). *Ensaios de teoria psicanalítica: metapsicologia, pulsão, linguagem, inconsciente e sexualidade*. Rio de Janeiro, Jorge Zahar.

Birman, Joel (1995a). Estranhas passagens, entre estesia e alteridade: sobre a problemática do sujeito no discurso freudiano, *in Cadernos de Subjetividade,* São Paulo, Núcleo de Estudos e Pesquisas da Subjetividade do Programa de Estudos Pós-graduados em Psicologia Clínica da PUC-SP, v. 3, nº 2.

Birman, Joel (1995b). Style d'être, manière de pâtir et de bâtir: A propos de l'hysterie, de la féminité et du masochisme en psychanalyse, trabalho apresentado nas *Jounées d'Études de l'Espace Analytique*, Paris, maio, *mimeo*.

Birman, Joel (1995c). Le corps et l'affect en psychanalyse, trabalho apresentado no Cercle Freudien, Paris, novembro.

Birman, Joel (1996). *Por uma estilística da existência*. São Paulo, Editora 34.

Birman, Joel (1997). *Estilo e modernidade em psicanálise*. São Paulo, Editora 34.

Birman, Joel (1999a). *Cartografias do feminino*. São Paulo, Editora 34.

Birman, Joel (1999b). A servidão na psicanálise, *in* Furtado, A. P. *et alii*. (orgs.). *Fascínio e servidão*. Belo Horizonte, Autêntica.

Blanchot, Maurice (1949). *Sade et Lautreamont*. Paris, Les Éditions de Minuit.

Brandão, Roberto (1990). *Um mapa do múltiplo: física, ética e política na filosofia de Espinosa*. Dissertação de mestrado, Departamento de Filosofia da PUC-Rio.

Burke, Edmund (1957). *Uma investigação filosófica sobre a origem de nossas ideias do sublime e do belo*. São Paulo, Papirus, 1993.

Darcourt, Guy (1968). Définition clinique du masochisme moral, *in Bulletin de L'Association Psychanalytique de France: Autour du masochisme*, Juin, nº 4.

David-Ménard, Monique (1983). *L'hystérique entre Freud et Lacan: corps et langage en psychanalyse*. Paris, Éditions Universitaires.

Deleuze, Gilles (1962). *Nietzsche et la philosophie*. Paris, PUF.

Deleuze, Gilles (1967). *Présentation de Sacher-Masoch*. Paris, Les Éditions de Minuit.

Deleuze, Gilles (1968). *Différence et répétition*. Paris, PUF.

Deleuze, Gilles (1974). *Lógica do sentido*. São Paulo, Perspectiva.

Deleuze, Gilles (1981). Sur la différence de l'*Ethique* avec une morale. *Spinoza philosophie pratique*. Paris, Les Éditions de Minuit.

Duras, Marguerite (1986). *A dor*. Rio de Janeiro, Nova Fronteira.

Espinosa, Baruch. (1677). *Ethics, in The collected works of Spinoza*, vol. I. Princeton, Princeton University Press, 1985.

Foucault, Michel (1966). "La pensée du dehors". *Critique*. Paris, junho, nº 229.

Foucault, Michel (1980). *Nietzsche, Freud e Marx*. Porto, Anagrama.

Foucault, Michel (1984a). *Vigiar e punir*. Petrópolis, Vozes.

Foucault, Michel (1984b). *História da sexualidade: o uso dos prazeres*. Rio de Janeiro, Graal, vol. II.

Foucault, Michel (1986). *Microfísica do poder*. Rio de Janeiro, Graal.

Freud, Sigmund (1895a). Proyecto de psicología, vol. I. *Obras completas*. Buenos Aires, Amorrortu editores, 1990.

Freud, Sigmund (1895b). Sobre la justificación de separar de la neurastenia un determinado síndrome en calidad de "neurosis de angustia", vol. III. *Obras completas*. Buenos Aires, Amorrortu editores, 1990.

Freud, Sigmund (1896). Fragmentos de la correspondencia com Fliess: Carta 52, vol. I. *Obras completas*. Buenos Aires, Amorrortu editores, 1990.

Freud, Sigmund (1900). La interpretación de los sueños, vol. IV. *Obras completas*. Buenos Aires, Amorrortu editores, 1990.

Freud, Sigmund (1905). Tres ensayos de teoría sexual, vol. VII. *Obras completas*. Buenos Aires, Amorrortu editores, 1990.

Freud, Sigmund (1913). Tótem y tabú, vol. XIII. *Obras completas*. Buenos Aires, Amorrortu editores, 1990.

Freud, Sigmund (1915). Pulsiones y destinos de pulsión, vol. XIV. *Obras completas*. Buenos Aires, Amorrortu editores, 1990.

Freud, Sigmund (1917). La angustia, 15ª conferencia, vol. XVI. *Obras completas*. Buenos Aires, Amorrortu editores, 1990.

Freud, Sigmund (1919). Pegan a un niño, vol. XVII. *Obras completas*. Buenos Aires, Amorrortu editores, 1990.

Freud, Sigmund (1920). Más alla del princípio de placer, vol. XVIII. *Obras completas*. Buenos Aires, Amorrortu editores, 1990.

Freud, Sigmund (1923). El yo y el ello, vol. XIX. *Obras completas*. Buenos Aires, Amorrortu editores, 1990.

Freud, Sigmund (1924). El problema económico del masoquismo, vol. XIX. *Obras completas*. Buenos Aires, Amorrortu editores, 1990.

Freud, Sigmund (1926). Inhibición, síntoma y angustia, vol. XX. *Obras completas*. Buenos Aires, Amorrortu editores, 1990.

Freud, Sigmund (1927). El porvenir de una ilusión, vol. XXI. *Obras completas*. Buenos Aires, Amorrortu editores, 1990.

Freud, Sigmund (1930). El malestar en la cultura, vol. XXI. *Obras completas*. Buenos Aires, Amorrortu editores, 1990.

Freud, Sigmund (1932). Angustia y vida pulsional, 32ª conferencia, vol. XXII. *Obras completas*. Buenos Aires, Amorrortu editores, 1990.

Freud, Sigmund (1937). Análisis terminable e interminable, vol. XXIII. *Obras completas*. Buenos Aires, Amorrortu editores, 1990.

Freud, Sigmund (1938). Esquema del psicoanálisis, vol. XXIII. *Obras completas*. Buenos Aires, Amorrortu editores, 1990.

Garcia-Roza, Luiz Alfredo (1990). *O mal radical em Freud*. Rio de Janeiro, Jorge Zahar.

Garcia-Roza, Luiz Alfredo (1991). *Introdução à metapsicologia freudiana*. Rio de Janeiro, Jorge Zahar, vol 1 e *Introdução à metapsicologia Freudiana*. Idem, vol. 2.

Gerez-Ambertin, Marta (1990). Supereu: clínica diferencial neurose-perversão (masoquismo), *in Pulsão e gozo*. Rio de Janeiro, Letra Freudiana, nº 10/11/12, Ano XI.

Grunberger, Bela (1992). Esbozo de uma teoría psico-dinámica del masoquismo, *in Imago – Revista de Psicoanalisis, psiquiatria y psicologia: Masoquismo,* Buenos Aires, Letra Viva, diciembre, número 15.

Hegel, Georg Wilhelm Friedrich (1941). *Phénoménologie de l'ésprit*. Paris, Aubier.

Hobbes, Thomas (1651). *Leviatã ou matéria, forma e poder de um estado eclesiástico e civil, in Os Pensadores*. São Paulo, Nova Cultural.

Kaufmann, Walter (1968). *The portable Nietzsche.* New York, Penguin Books.

Kaufmann, Walter (1974). *Nietzsche: philosopher, psychologist, antichrist*. Princeton, Princeton University Press.

Kojève, Alexandre (1947). *La dialectica del Amo y del Esclavo en Hegel*. Buenos Aires, Editorial La Pleyade, 1982.

Krafft-Ebing, Richard von (1965). *Psychopathia Sexualis.* New York, Arcade, 1998.

Kundera, Milan (1985). *A insustentável leveza do ser.* Rio de Janeiro, Nova Fronteira.

La Boétie, Étienne de (1562). *De la servitude volontaire.* Paris, Gallimard, 1993.

Lacan, Jacques (1966). Propos directifs pour un Congrès sur la sexualité feminine". *Écrits*. Paris, Éditions du Seuil.

Lacan, Jacques (1975). *Le seminaire, livre 20: Encore*. Paris, Seuil.

Lacan, Jacques (1986). *O seminário, livro 7: a ética da psicanálise*. Rio de Janeiro, Jorge Zahar, 1988.

Lacan, Jacques (1962-1963). *O seminário, livro 10: a angústia.*. Rio de Janeiro, Zahar, 2005.

Lampl-de-Groot, Jean (1936). Masoquismo e narcisismo, *in Pulsão e gozo,* Rio de Janeiro, Letra Freudiana, nº 10/11/12, Ano XI, 1990.

Lasch, Christopher (1991). *The culture of narcissism*. New York, Norton.

Lejarraga, Ana Lila (1996). *O trauma e seus destinos*. Rio de Janeiro, Revinter.

M'Uzan, Michel de (1991). Un caso de masoquismo perverso. Esbozo de una teoría, *in Imago – Revista de Psicoanalisis, psiquiatria y psicologia: Masoquismo,* Buenos Aires, Letra Viva, diciembre, número 14.

Machado, Roberto (1997). *Zaratustra: tragédia nietzschiana*. Rio de Janeiro, Jorge Zahar.

Mauss, Marcel (1950). Essai sur le don, forme et raison de l'échange dans les sociétés archaïques. *Sociologie et Anthropologie*. Paris, PUF, 1985, parte II.

Nacht, Sacha (1938). *Le masochisme*. Paris, Le François, 1948.

Nietzsche, Friedrich W. (1872) *O nascimento da tragédia ou Helenismo e pessimismo*. São Paulo, Companhia das Letras, 1992.

Nietzsche, Friedrich W. (1882). *Le gai savoir*. Paris, Union Générale d'Éditions, 1957.

Nietzsche, Friedrich W. (1883). *Assim falou Zaratustra: um livro para todos e para ninguém*. Rio de Janeiro, Civilização Brasileira, 1977.

Nietzsche, Friedrich W. (1886). *Beyond good and evil, in* Kaufmann, W. *Basic Writings of Nietzsche*. New York, The Modern Library, 1968.

Nietzsche, Friedrich W. (1887). *On the Genealogy of Morals, in* Kaufmann, Walter. *Basic Writings of Nietzsche*. New York, The Modern Library, 1968.

Nietzsche, Friedrich W. (1908). *Ecce homo, in* Kaufmann, W. *Basic Writings of Nietzsche*. New York, The Modern Library, 1968.

Noyes, John. K. (1997). *The mastery of submission – inventions of masochism.* New York, Cornell.

Reik, Theodor (1941). *Masochism in Modern Man.* New York/Toronto, Farrar & Rinehart.

Sacher-Masoch, Wanda (1990). *The Confessions of Wanda Von Sacher-Masoch*. San Francisco, Re/Search Publications.

Schneider, Monique (1973). Affect et langage dans les premiers écrits de Freud, *in Topique – Revue Freudienne. Temps, Affect: Interrogations*, Paris, PUF, nº 11-12.

Schneider, Monique (1977). Freud et le plaisir: du principe à l'expérience, *in Topique – Revue Freudienne. L' interprète: visées, oublis*, Paris, Epi éditeurs, octobre, nº 20.

Schneider, Monique (1978). La séduction et l'excitation consentie, *in Topique – Revue freudienne: Réperes*, Paris, Epi éditeurs, mars , nº 21.

Schneider, Monique (1980). *Freud et le plaisir*. Paris, Denoël.

Silvestre, Daniele (1999). A obrigação de ser feliz, *in* Quinet, A. (org.). *Extravios do desejo: depressão e melancolia*. Rio de Janeiro, Marca D'Água Editora.

Smirnoff, Victor (1968). Severin Von Sacher-Masoch ou l'impossible identification, *in Bulletin de L'Association Psychanalytique de France: Autour du masochisme*, juin, nº 4.

Smirnoff, Victor (1991). El contrato masoquista, *in Imago – Revista de Psicoanalisis, psiquiatria y psicologia: Masoquismo*, Buenos Aires, Letra Viva, diciembre , nº 14.

Soler, Colette (1993). Position masochiste, position féminine, *in Revue de l'ECF*, juin, nº 24.

Vaz, Paulo (1997). *O inconsciente artificial*. São Paulo, Unimarco.

Zaltsman, Nathalie (1993). *A pulsão anarquista*. São Paulo, Escuta.

Žižek, Slavoj (1999). O superego pós-moderno. *Folha de S. Paulo*, 23 de maio.